L'Envol de Sarah

Ma fille : sa vie, son suicide

© Max Milo Éditions, Paris, 2006
www.maxmilo.com
ISBN : 978-2-353-41003-3

AGNÈS FAVRE

L'Envol de Sarah

Ma fille : sa vie, son suicide

Sommaire

L'Envol de Sarah 11
Annexes 193
Postface 203

Les raisons de mourir sont-elles les mêmes que celles de vivre ?

J'ai ouvert son bureau. J'ai repris ses cahiers d'école abandonnés en pleine année scolaire. Il y restait de grandes pages blanches. De ma douloureuse plume, j'ai fait revivre les lignes désertiques du temps qui s'arrête pour vous raconter son histoire, mon histoire, notre histoire. Des lignes qui vont demeurer gravées à jamais au nom de ma fille, Sarah.

Il vous faudra entrer par la grande grille pour emprunter l'allée centrale du petit cimetière. Tandis que vos pas crisseront sur les cailloux froids, vous marcherez encore quelques dizaines de mètres et vous tournerez à droite. C'est alors que vous apprécierez la qualité du silence...

Elle est là, elle vous attend pour vous chuchoter que je ne dis pas la vérité, qu'il n'y a pas de vérité, mais que je n'ai pas menti non plus, au nom de l'amour.

1

En 1980, j'ai vingt-trois ans et j'attends mon premier enfant. Quand on a eu une éducation un peu rude, où les états d'âme n'étaient pas de mise et les réflexions malvenues, on peut perdre de vue que la grossesse est une période importante, fondatrice. Je me suis peut-être oubliée à ce moment-là. Pourtant, une chose est sûre : lorsque je mets au monde ma fille Sarah, je ressens, intensément, que c'est tout simplement le plus beau jour de ma vie.

Mon mari n'est pas présent, il a dû regagner la veille son nouveau poste de travail en Bretagne. C'est ma sœur aînée qui assiste à l'accouchement. Comme beaucoup de mamans, à partir de ce jour, ma vie prend un nouveau sens. Je suis comblée devant ce petit être couché sur le côté, sa joue écrasée contre l'oreiller, forçant la bouche à s'ouvrir comme un cœur, ses petits yeux presque bridés, ses mains tout écarquillées. Bien entendu, comment ne pas éprouver un tel sentiment après la naissance d'un enfant ?

L'envol de Sarah

Mais lorsque le bonheur d'être maman commence, de nouvelles responsabilités l'accompagnent.

Nous avons alors élu domicile en Bretagne pour les besoins de notre activité professionnelle. L'évolution de notre bébé est si rapide et c'est un tel émerveillement de la suivre qu'on en oublie les petits tracas inévitables. Sarah bientôt a trois mois et j'ai bien l'impression qu'un autre petit être pousse déjà en moi – ce qui se confirmera. Cette nouvelle me perturbe quelque temps : deux enfants en bas âge me semblent difficilement compatibles avec notre travail, auquel nous consacrons souvent aussi le week-end ; une nourrice acceptera-t-elle de s'occuper de deux enfants ? J'ai toutefois confiance en mon mari et en son investissement ; cette nouvelle grossesse se transforme très vite en une heureuse perspective.

Mon ventre s'arrondit et Sarah grandit. Elle ne nous pose pas de problème particulier. Elle dort bien, mange bien et apprécie ce que je lui confectionne. La poussette va bon train sur les chemins escarpés d'une Bretagne riche tant de son front de mer que de sa campagne environnante. Baptiste, son petit frère, n'attendra pas le premier anniversaire de sa sœur pour pointer le bout de son nez. Cinquante et une semaines les séparent. Pour mon mari comme pour moi, c'est encore un événement merveilleux que la vie nous offre.

Sarah est vite autonome, et si facile à élever. Et c'est heureux, car Baptiste, lui, franchit le cap de ses neuf mois en pleurant une nuit sur deux vers 1 h 30 du matin. Il réclame ma présence pendant deux bonnes heures, avant de pouvoir replonger dans son sommeil. Ces réveils nocturnes vont durer un an sans que nous parvenions à expliquer les raisons de ses angoisses.

Les années passent et les enfants grandissent ; chacun affirme son caractère. Baptiste devient un rêveur, il est calme et sensible. Il préfère les jeux de dînette et de Barbie partagés avec sa sœur plutôt que de taper dans un ballon. Sarah est une enfant vive et spontanée. Elle a trois ans et demi lorsqu'elle fait sa première fugue – qui à vrai dire n'en est pas tout à fait une. Elle est sortie de l'appartement situé au rez-de-chaussée, entraînant fermement son frère avec elle. Ils ont traversé le parking, passé le petit portillon pourtant difficile à ouvrir. Nous avons cherché nos enfants partout, réunissant tout le personnel et les locataires de la maison familiale dans laquelle nous travaillions alors. Nos recherches éperdues ont duré une heure !

Finalement la gendarmerie a été avertie par des habitants qui voyaient deux petits se promener main dans la main à travers les ruelles, sans parents. J'ai regretté la fessée que j'ai donnée à Sarah ce jour-là, mais jamais plus ils n'ont recommencé. Sarah, par la suite, montre bien qu'elle est le leader et fait souvent preuve d'une certaine autorité sur son frère. Il faut déjà lui fixer des limites, la réprimander quelquefois. Son frère, lui, parvient à esquiver les gronderies. Au sein d'une fratrie, une éducation plus rigoureuse est souvent inculquée à l'aîné, tandis que le cadet se glisse plus adroitement sur les traces du premier.

Tous les deux adorent les histoires que je leur lis avant le coucher. C'est en quelque sorte la récompense d'une fin de journée, un moment très privilégié. Mes deux fripouilles me font souvent revenir sur les passages qu'ils préfèrent avant l'arrivée de leur père vers 21 heures. Papa adore les retrouver dans leur petit lit douillet pour les embrasser avant qu'ils s'endorment.

Leur papa ira en général les chercher à la sortie de l'école avant la reprise de son travail et je m'impliquerai dans le suivi de leur travail scolaire.

Sarah a six ans, elle est en cours préparatoire. Elle est très demandeuse de soutien, elle a besoin d'être épaulée, rassurée et encouragée. Je ne suis pas convaincue que le milieu scolaire lui convienne ; mais peut-être fais-je un transfert. Je n'y trouvais pas ma place à son âge. J'aimais bien trop rêvasser. Sarah semble un peu perdue avec ses petites lunettes qui glissent sur le bout de son nez, une queue de cheval qui souvent se retrouve sur le côté, une bouche ouverte et fatiguée de sa journée. Sa maîtresse me dit parfois : « Elle n'est pas trop concentrée, elle rêve beaucoup, je lui tire sur la queue de cheval de temps en temps pour la réveiller. » Et moi, je pense tout bas : « De quel droit ! » Son frère, lui, est de plus en plus autonome.

Mon mari est un homme qui veille sur ses enfants et qui sait répondre aux exigences de la vie conjugale. Commander n'est pas dans sa nature, mais le confort de notre famille reste sa priorité. Plutôt introverti, il aime pourtant sa vie de famille et ne la perd jamais de vue. Se rendre utile est instinctif chez lui. On dit que les contraires s'attirent ; c'est sans aucun doute notre cas. Comme tous les couples, nous vivons des périodes d'orage et d'autres de beau temps ; elles vont et viennent, mais la discussion et l'honnêteté sont toujours de mise, heureusement. Comme beaucoup de parents qui travaillent, nous « gérons » au mieux nos difficultés de « planning » ; une nourrice attitrée vient nous relayer quand c'est nécessaire.

En 1983, au cours d'une promenade en forêt, alors que Sarah a trois ans, elle nous surprend lorsque son papa la hisse, comme il l'a fait si souvent, sur ses épaules. Pourquoi a-t-elle l'air soudain terrorisée ? Elle s'agrippe à son père aussi fort qu'elle peut ; on dirait une enfant prise de vertige en haut d'une falaise. De chaudes larmes ruissellent sur son visage. Nous lui demandons : « Qu'est-ce qui se passe, Sarah ? » Pourquoi cette réaction aujourd'hui, alors que depuis votre naissance, ton frère et toi, vous avez l'habitude de faire cavalier seul sur

L'envol de Sarah

nos épaules ? Pourquoi ces hurlements ? » Nous tentons de comprendre l'origine de ce traumatisme soudain, nous lui demandons même si quelqu'un la prend sur ses épaules et lui fait mal, s'il lui est arrivé quelque chose qu'elle ne nous aurait pas dit.

Baptiste ne semble pas perturbé par la situation, il gambade paisiblement au travers des fougères qui viennent caresser son visage. Nous la laissons marcher pour rattraper son frère et continuons le chemin jusqu'à ce qu'elle se calme. Quelques minutes plus tard, elle réclame nos bras. Son père la reprend sur ses épaules, et c'est encore une crise. Sarah, plus terrorisée encore que la première fois, fait pipi sur son père.

Les questions fusent ce soir-là, nous sommes inquiets. Nous interrogeons la nourrice de remplacement provisoire qui garde nos enfants, en vain. Sarah ne semble traumatisée par aucune autre situation et je ne peux que me contenter de l'observer pour capturer un indice qui ne vient pas.

Petit à petit, semaine après semaine, nous allons réapprivoiser Sarah aux épaules de son père. Malgré nos questions, nous ne parviendrons jamais à élucider ce mystère. Par la suite, ce souvenir s'effacera avec le passage des saisons.

Si le métier de parent n'est pas une profession, il devient très vite une vocation. Comme tant d'autres, mon rôle de maman me passionne. J'essaie de deviner les envies des enfants et d'y répondre, sans les encourager à la consommation mais plutôt à la création, pour qu'ils apprennent à devenir les acteurs de leur future vie. Je commence par des gestes simples et spontanés de la vie en communauté : débarrasser une table après un repas est bien plus facile à huit bras qu'à deux. Les enfants le font d'ailleurs sans réticences. Sarah aime prendre le beurrier pour l'amener au frigo, même si elle est trop petite pour l'ouvrir. Baptiste a trouvé quelque chose à sa hauteur : il prend son pot de yaourt vide pour le mettre dans la poubelle. Des gestes qui s'ancrent dans le quotidien, qui deviennent une habitude et rendent la vie tellement plus agréable pour tout le monde. Mes deux bambins aiment se rendre utiles et aider. Ils comprennent instinctivement que c'est une façon d'aimer et de respecter les autres. Je n'oublie pas de les remercier ou de leur dire que ce qu'ils font est bien – ce que moi, à leur âge, je n'ai jamais entendu…

Aimer ses enfants, avoir le souci de bien les élever peut devenir viscéral pour une mère. Comme d'autres, je tente de me poser les bonnes questions pour avancer et faire d'eux des enfants joyeux et bien dans leur peau. Enfant, j'ai souvent refusé ce dicton mis en pratique par mes parents : « Qui aime bien châtie bien. » Cette phrase me semblait dénuée de sens, injuste. Oui, j'ai reçu une éducation brutale. Il reste vrai qu'à partir du moment où la parole ne suffit plus, il faut instaurer une autorité : l'interdit. C'est une notion essentielle que les

L'envol de Sarah

enfants doivent entendre, mais à partir du moment seulement où chaque interdit est expliqué. J'ai toujours eu le sentiment de protéger mes enfants en leur disant non ; l'interdit est structurant et donne des règles de civilité. Il faut savoir dire non autant de fois que l'on sait dire oui. Chez mes propres parents, il fallait exécuter les tâches ménagères et les corvées sans discuter. La seule tactique que j'avais trouvée consistait à prendre les devants et à faire ce qu'on attendait de moi avant que ma mère vienne m'intimer quoi que ce soit. Je sais qu'il faut parfois se montrer exigeant face à ses enfants, et je ne supporte pas le laxisme, car j'ai le sentiment que sans cela, au lieu de guérir un mal, on en crée un autre. Mais le plus difficile est de trouver le juste milieu. À cette époque de ma vie, je pense l'avoir trouvé avec mes enfants, et ils me le rendent bien : ils m'apprennent tant de choses en échange de ce que je leur donne.

Je ne supporte pas qu'ils s'ennuient. Par chance, nos deux petits se trouvent souvent les mêmes jeux – Sarah en est une fois sur cinq le décideur. Nous adorons jouer avec eux et nous balader dans la nature au travers des chemins balisés de la lande bretonne. Lorsqu'ils ne veulent plus avancer, il suffit de se cacher derrière un arbre pour jouer au loup et tout redémarre sans qu'on prête attention à la longueur des kilomètres parcourus. Nous sortons par tous les temps, leur santé n'en est que meilleure. Cette harmonie avec la nature nous offre bien des joies. L'évasion et le rêve nous rendent tellement heureux en famille.

Je vais à l'encontre des idées préconçues que j'ai si souvent entendues à propos de la signification de l'âge chez un enfant. Chaque enfant vit son âge à sa façon, aucun n'est identique à l'autre à un même âge. Dès qu'un enfant s'affirme, on se dit qu'il faut être à son écoute pour qu'il conserve son équilibre. Mais il n'existe pas une façon idéale de répondre à un enfant. L'une des grandes difficultés quand on élève plusieurs enfants consiste à distinguer leurs personnalités. Par exemple, Sarah est souvent fatiguée en revenant de l'école alors que Baptiste est plein d'énergie. Nous attendons le moment du repas pour savoir comment s'est passée leur journée. Ils s'expriment tour à tour et racontent ce qu'ils ont fait, aimé, ou quel problème ils ont rencontré.

Sarah a un mode de communication qui lui appartient depuis ses six ans. La première fois, elle était en colonie de vacances, et elle nous a envoyé ce mot sur un papier déchiré :

Je vous soute des bonnes vacances. J'ai perdu mes deux dans, dedans mise dans le papier. Et tu veu venir la petite souris.

Puis nous découvrons à l'intérieur de l'enveloppe un papier de malabar bien plié, contenant ses deux petites dents. Qui peut ne pas comprendre le bonheur d'être

L'envol de Sarah

parent devant ces petits riens – en réalité les plus beaux cadeaux que nous réserve la vie ?

À sept ans, elle a pris cette habitude que j'aime tant : elle colle des petits mots sur la porte de sa chambre avant le coucher.

Maman j'ai anvi de dormir, dac ou non. Espère que tu viennes. Mersi. Je ne veut pas que tu te moques.

Ou un autre soir :

Je ne ve de pésonne dans ma chambre. Je dors. An re voire.

Et elle attend dans son lit que je lise ses mots, impatiente à l'idée d'entendre mes éclats de rire derrière sa porte. De petites espiègleries remplies d'amour et de complicité qui viennent merveilleusement clôturer nos journées.

Comme la plupart des enfants, les nôtres adorent les animaux. Sarah a une tendresse très particulière pour les chats. Le sien tempère ses humeurs ; elle le materne et se réfugie avec lui dans sa chambre au moindre conflit. C'est un véritable drame le jour où elle découvre qu'il s'est échappé, et il faudra attendre un bon moment pour le remplacer.

Le sport d'équipe et la gymnastique ne semblent pas lui apporter un quelconque bien-être et c'est son goût pour les animaux qui nous décide à lui faire rencontrer le monde des chevaux. Elle a huit ans lorsqu'elle prend son premier cours, qui se révèle être une catastrophe : le poney s'emballe, sort du manège et l'entraîne dans une chute monumentale. Devant cette chute, nous pensons qu'elle ne voudra plus revenir, mais c'est au contraire un premier pas vers un épanouissement sans précédent. Chaque samedi après-midi devient un jour de fête pour elle.

Préparer les chevaux est une vraie responsabilité. Elle devient le maître de sa monture dans un univers convivial. Les propriétaires du club font preuve d'une pédagogie et d'un dynamisme qui profitent aux enfants au-delà de leur cours. Cette ambiance familiale et soignée leur procure une grande joie. Après plusieurs essais pourtant, Baptiste le solitaire décide de ne plus pratiquer ce sport. Il choisit le tennis. Le vélo lui correspond bien aussi. Leurs chemins commencent déjà à se séparer, leurs goûts diffèrent, mais cela ne les empêche pas d'être souvent à la recherche l'un de l'autre.

Nos familles sont éloignées de nous et les réunions sont rares, mais un jour, au cours d'un long week-end, nous parvenons à réunir tout le monde dans la maison que nous venons de faire construire. Ce rassemblement me marquera à tout jamais.

Après ce long repas familial, nous étions rassasiés de produits de la mer, mais surtout des rires qui fusaient après les blagues que mon père, intarissable, enchaînait

L'envol de Sarah

au cours du festin. Il était temps de s'oxygéner pour digérer un peu, mais aussi pour nous dégager des quelques vapeurs d'alcool. « Et si nous vous faisions découvrir l'île des Capucins ? » Tout le monde était d'accord, à l'exception de ma mère, qui n'était pas en forme depuis la veille ; il était donc préférable qu'elle reste se reposer à la maison. Les deux familles réunies, nous devions être une dizaine à faire cette promenade. Les beaux jours du printemps étaient bien là. La tiédeur du soleil sur les visages laissait dire un bonheur familial retrouvé et apaisé.

Papa sifflote, les mains dans les poches, extasié devant l'immensité de la mer et des falaises. Du haut de ses neuf ans, mon taquin de fils vient de temps à autre bousculer son grand-père. Il y a ma belle-mère accrochée comme d'habitude au bras de son mari, veillant bien à ne pas abîmer ses chaussures à talons au milieu des cailloux. Cathy, la marraine de ma fille, sourire aux lèvres, ne manque pas de s'adresser à chacun d'entre nous, heureuse de cette journée exceptionnelle. Mon frère, ravi, évoque quelques souvenirs de ses passages dans notre presqu'île. Et puis Sarah, que l'on n'entend pas : depuis le début de la promenade, elle cueille ces petites fleurs mauve clair que je n'ai vues nulle part ailleurs. Lorsque le bouquet se fait trop gros pour ses petites mains, elle va offrir quelques-unes de ses fleurs à son grand-père.

Chacun laisse vaquer son esprit dans un bonheur serein. Nous freinons le pas pour expliquer la configuration du paysage : la rade de Brest à droite, Camaret à gauche. L'horizon est un peu brumeux, nous ne verrons pas l'île de Sein. Les minutes défilent sans que personne ne voie le temps passer. Soudain, je regarde autour de moi et je demande : « Où est Sarah ? »

« Elle était devant nous, il y a cinq minutes », me répond Cathy. J'appelle ma fille, les autres membres de ma famille me suivent et lancent des appels qui restent sans réponse. De longues minutes s'allongent et l'inquiétude s'installe. Nous sommes entourés par l'océan, bordé de falaises, et personne n'ose dire tout haut ce que chacun pense tout bas. Nos pas s'accélèrent, Sarah a pu prendre de l'avance et nous sommes à quelques dizaines de mètres de l'île des Capucins – le passage pour y accéder est très dangereux. Les appels ne sont plus que des cris et des hurlements : « Sarah ! Sarah ! Sarah ! »

Rien… Est-il possible que les bruits du vent et des vagues qui giflent les rochers puissent couvrir nos voix à ce point ? Je regarde derrière moi. Mon père s'est retranché et demeure silencieux depuis un moment : il est très inquiet, ses yeux sont embués. Mon frère a déjà emprunté la pente dangereuse qui mène à l'île. Quant à mon mari, il s'est engagé dans un petit sentier dont personne n'aurait soupçonné l'existence à cause de son entrée bouchée par un buisson sauvage : « Il y a un chemin ici ! », s'exclame-t-il, avant de disparaître. Cinq

L'envol de Sarah

minutes plus tard, son cri est une parole miraculeuse : « Sarah est là, Sarah est là, Sarah est là ! »

Complètement absorbée par sa cueillette, plus rien n'inquiétait notre Sarah sur ce sentier qui sentait bon le printemps. En contrebas, le tumulte des vagues couvrait complètement nos voix et elle était comme envoûtée par la douceur de la nature.

Nous restons ébahis devant cette petite fille au visage paisible et souriant, tenant dans les mains son bouquet de fleurs qui n'en finissent pas de grandir. Peut-elle ressentir en nous voyant que quelques instants plus tôt nos visages n'exprimaient que... la terreur ?

Très vite la joie de vivre a repris son cours. Mais je ne la lâchais plus, la tenant serrée contre moi.

Parents, nous sommes toujours inquiets pour nos progénitures. C'est une anxiété presque sans répit. Même quand tout va bien, nous avons des raisons de nous inquiéter : la vie est si fragile. Le risque est partout, à chaque instant. On est parent à plein temps.

Ce soir-là, en un éclair d'angoisse, je me suis demandée ce que peut ressentir une mère dont la petite fille tombe d'une falaise et dont on retrouve le corps des dizaines de mètres plus bas, au bord de l'eau, au milieu des fleurs.

2

Mon mari et moi travaillons pour un organisme qui propose des séjours de vacances de la belle saison jusqu'à l'automne. L'hiver, nous accueillons des retraités de tous âges. Nous essayons tant bien que mal de favoriser ce qu'on appelle le lien social, pour des personnes qui bien souvent sont des veufs, des personnes seules ou des malades, toutes sortes de gens que la vie a renvoyés à la solitude. Ironie du sort, on ne sait pas toujours empêcher dans son propre foyer ce contre quoi on lutte à l'extérieur.

Enfant, j'étais moi-même assez seule. J'ai été élevée dans un monde rural au sein duquel l'oralité avait une place importante. J'ai gardé en mémoire des visages, des êtres en pleine activité de parole, des scènes de la vie courante avec des lieux et des saisons qui se croisent et s'entremêlent. J'étais un peu spectatrice, un peu mal à l'aise, un peu ailleurs.

J'en ai entendu des confidences sur mon lieu de travail. Les âmes en peine sont passionnantes quand on

L'envol de Sarah

prend la peine de les écouter. À chaque fois que j'apprends le décès d'une personne âgée, je me dis que c'est un livre qui se referme.

Sarah et Baptiste aiment bien les côtoyer. Je leur fixe quand même des limites, car nous habitons un logement de fonction et je tiens à ce qu'ils distinguent notre lieu de travail et la maison. Tout le monde les apprécie, les personnes que je côtoie me répètent à l'envi combien ils sont mignons et polis.

En revanche, ils voient peu leurs propres grands-parents. Nous ne pouvons les retrouver que trois ou quatre fois par an. C'est à chaque fois une joie d'aller les voir, ils nous attendent avec hâte. Ils ont neuf petits-enfants. On peut dire que mes enfants sont gâtés par leur pitre de grand-père qui aime être avec eux et les taquiner.

Lorsqu'il les mène en bateau, il les mène en bateau ! Il les assoit confortablement sur de la paille dans la barque en fer. Avec son grand bâton que l'on appelle la « pigouille », il les dirige droit devant en leur expliquant que la barque peut chavirer à tout instant, puis il la fait basculer à droite, à gauche, et l'explosion de joie de ses petits retentit. Ils crient, ils hurlent : « Encore, pépé, encore ! » « Baissez la tête ! » leur crie-t-il lorsqu'ils arrivent sous la passerelle en bois, alors que les petits sont assis et ne risquent pas de l'atteindre pour s'y cogner, deux mètres au-dessus. « Ne mettez pas vos bras dans l'eau, les serpents à sonnette vont sortir ! », leur dit-il encore. J'ai souvent l'impression que mon père est un gamin. Tous ses petits-enfants éclatent de rire en le voyant faire une danse de Saint-Guy. Il en rajoute, bien sûr, mais tous se prêtent au jeu.

Les départs sont plus terribles pour mon père que pour nous. Il va se cacher dans le jardin pour pleurer. Il pleure comme si nous n'allions jamais plus revenir. C'est un homme bien plus fragile qu'il ne le dit, un homme inquiet. Je pense que c'est la raison pour laquelle il n'a jamais évolué.

À douze ans, Sarah en a terminé avec les tresses tirées, la jupe bien mise, les chaussures bien cirées. Je suis privée du plaisir de l'habiller ; c'est elle qui choisit. La jupe passe au rebut : il faut cacher déjà les quelques petits poils aux jambes qui sont apparus il y a deux ans. Le jean, c'est parfait. Elle tire sur son pull un peu ample pour cacher le bas de son ventre. Puisqu'il faut tout camoufler, elle ajoute un petit foulard bien serré autour de son cou et laisse ses cheveux tomber. Et pour parfaire l'ensemble, ce sont des lacets longs qui ressemblent à ceux des tennis des garçons. Voilà notre nouvelle Sarah ! L'uniforme est bien là. À la sortie du collège, elles se ressemblent toutes.

Depuis qu'elle est en sixième, la télévision a entrepris son œuvre décérébrante. Des feuilletons à l'eau de rose viennent saboter le travail éducatif des parents et celui de l'Éducation nationale. Sarah, comme les autres préadolescents, se laisse aller et préfère la télé aux devoirs. L'attrait de la facilité et de l'oisiveté semble irrémédiable. On leur

L'envol de Sarah

offre de faux rêves alors qu'ils sont à peine sortis de l'enfance, de quoi les faire saliver devant une fausse réalité trop parfaite et déprécier leur propre univers. Nous en discutons à la maison, mais elle nous répond que ça lui fait du bien de regarder de temps en temps des bêtises à la télé, et qu'au moins, ça ne « prend pas la tête ».

Sarah est de plus en plus d'humeur changeante. Elle passe vite des câlins à l'interdiction adressée à nous tous d'entrer dans sa chambre. Je la sens angoissée. Il lui arrive même d'être agressive. Je pense qu'elle a peur de l'épreuve scolaire, ce qui expliquerait ce besoin d'aide qu'elle a éprouvé pendant l'école primaire. Le réveil est parfois difficile, et pourtant elle ne semble pas avoir d'insomnie. Elle n'aime pas être bousculée et je compose beaucoup selon ses humeurs pour éviter de la brusquer. Sarah est une enfant qui aime être rassurée, il faut beaucoup lui parler et l'encourager pour l'école. Elle me demande encore de l'aider et de la soutenir dans ses devoirs et je me fais une joie d'y participer. C'est une élève moyenne, mais elle s'applique.

L'entrée en cinquième est un nouveau cap. Elle a une nouvelle camarade un peu dissipée qui vit dans une famille d'accueil. Cette jeune fille a un visage très affirmé. Elle est brune, les cheveux mi-longs, épais et frisés, des yeux noirs, brillants et rieurs. Un visage qui exprime appétit et vivacité, qui possède un je-ne-sais-quoi d'adulte aussi. Je pense que Sarah cherche un modèle, quelqu'un qui pourrait la conquérir. Elle découvre un monde qu'elle ne connaissait pas et semble s'émanciper. Elle rit, fait la folle, se défoule sainement. Je veille encore à éviter les dérapages scolaires. Elle devra malheureusement perdre de vue cette jolie copine qui va quitter la presqu'île l'année suivante, une nouvelle famille l'accueillant à Brest. Sarah s'en remet et, finalement, une nouvelle amie entre dans sa vie : Julie. C'est le début d'une amitié qui va durer longtemps.

Le monde des chevaux les rassemble. Julie possède deux belles montures. Sarah lui fait profiter de ce qu'elle apprend au centre équestre tandis que son amie l'invite très souvent chez elle pour monter les chevaux. Julie est de taille moyenne, elle est fluette, de longs cheveux noirs et raides lui descendent quasiment jusqu'aux fesses. Une longue frange laisse juste apparaître de jolis yeux verts, une peau blanche et une bouche légèrement pincée qui libère un flux rapide de paroles à la terminaison un peu sèche. Sarah est plus en chair et possède déjà des formes féminines plus affirmées. Elle mesure un mètre soixante-huit, ses yeux marron papillonnent souvent, gênés par la myopie. Les lunettes sont laissées de côté pendant les activités sportives. Une grande bouche aux lèvres charnues qu'elle se force souvent à fermer pour ne pas laisser apparaître ses incisives artificielles – ses dents ont été cassées lors d'une chute dans un escalier. Son long cou et sa belle peau brune sont garnis d'une épaisse chevelure brune qui descend en dessous des épaules. Les cheveux sont souvent détachés ou tressés à l'arrière.

L'envol de Sarah

Je me demande parfois s'il y a une rivalité entre elles. Dans leur activité préférée, par exemple, elles sont très affirmées. Je les entends parfois se chamailler sur la manière de seller ou d'apporter tel ou tel soin à un cheval. Mais avant tout, elles aiment rire. Leurs regards expriment beaucoup de complicité. Elles sont dans la même classe et je pense qu'il y a une petite concurrence intellectuelle entre elles. Sarah commence à peaufiner sa technique de travail, et Julie s'en aperçoit, je crois.

Le samedi après-midi, Sarah suit toujours ses cours d'équitation dans le centre équestre auquel elle est attachée depuis ses huit ans. Il y a ce rituel de la douche. Pour elle, c'est obligatoire avant de se mettre en tenue. Il faut qu'elle sente bon. Elle sort de la douche en courant, vient nous faire un petit baiser, histoire de nous narguer, et prend la porte comme une bombe en nous disant : « Je suis pressée, je suis pressée ! » Céline et Marie sont ses amies attitrées lors de cette activité. Elles se fréquentent depuis des années au centre équestre. Nous avons remarqué qu'il est difficile de les mêler à Julie pour sortir ou tout simplement faire des balades à cheval. Je me demande alors si ce n'est pas une réticence qui vient de Julie, qui voudrait s'approprier Sarah.

Sarah revient toujours radieuse de son cours. Elle le prolonge souvent jusqu'à la fin de la soirée en s'occupant des chevaux en compagnie de ses amis et des gérants. Avec mon mari, nous aimons aller pointer notre nez, heureux de voir tous ces jeunes gambader. Sarah devient une cavalière plutôt confirmée. Nous parvenons à l'inscrire à un concours hippique, mais elle ne paraît pas emballée, comme quelqu'un qui n'aime pas les examens ou les épreuves. Ses copines viennent ce jour-là. Comme d'habitude, elle se montre décontractée. Toutefois, au moment d'y aller, elle me paraît très déstabilisée. Finalement elle se concentre très fort sur son cheval en attendant son tour. Elle regarde bien le parcours, scrutant dans l'ordre tous les obstacles en les suivant du doigt. Lorsque son nom est annoncé, je suis glacée. Ce jour-là, elle finit 11e sur 70, mais elle n'est pas contente de sa performance. Est-ce la peur, le manque de confiance en elle ? Elle se place toujours en dessous de la moyenne. Avec mon mari, nous essayons de la questionner sur le sujet, mais elle esquive ou nous répond juste : « C'est pas mon truc ! » Nous décidons de ne pas l'ennuyer plus longtemps sur le sujet puisque le résultat est là.

À treize ans, c'est l'époque Nirvana. Ce n'est pas que de la musique, ça transforme sa façon d'être, celle de s'habiller aussi. Quand nous lui achetons sur le marché de Brest un tee-shirt à l'effigie de Kurt Cobain (ce chanteur qui se suicidera en 1994), c'est l'émerveillement, nous avons l'impression de lui offrir le plus beau cadeau du monde. Elle porte des jeans et des chaussures que je dis « de chantier » – des Doc Martens. Il faut payer le prix pour qu'elle ait la bonne marque, celle qui ne la différencie pas de ses amis. Nous en avons fait des discours, avant de céder, mais on ne regrette rien, car

L'envol de Sarah

elle comprend déjà le sens des valeurs et elle nous le rend bien par divers services. Chez nous, nous n'accordons rien sans l'attente d'un retour, quelque chose en échange. Plus tard, elle aura bien des contrats à respecter, je crois qu'elle l'a déjà compris. Mes parents me disaient : « Il faut le gagner ! » et c'est une règle que j'ai retenue.

Nous vivons dans une société de consommation qui ne nous facilite pas la vie. Il nous faut toujours négocier avec nos enfants. Soit parce que nous n'avons pas les moyens de leur offrir ce qu'ils désirent, soit parce que nous tenons à leur faire comprendre que cette consommation est parfois inutile, superflue. Nous voulons les préserver également : « Pourrais-tu t'acheter cela, aurais-tu les moyens, pourquoi veux-tu ressembler aux autres, penses-tu que c'est la valeur marchande qui fait que cela te va si bien ? Est-il utile d'adopter une mode, une marque ? » Nous savons que les valeurs matérielles font parfois perdre le sens des valeurs morales.

Je suis une fille d'agriculteurs. Mes parents ont eu cinq enfants. Je suis la dernière. J'ai vu mes parents travailler laborieusement pour gagner leur pain, j'ai vécu les fins de mois difficiles. Ma mère était le commandant en chef : autoritaire, ne laissant transparaître aucun sentiment, elle en a même oublié que ses enfants pouvaient en avoir. Il fallait que ça marche, et c'était comme elle l'avait décidé. Mais j'aimais ma mère comme elle était ; c'est encore vrai aujourd'hui. Surtout quand elle chantait pendant la traite des vaches. C'était un moment de plénitude pour elle, rien ne pouvait la perturber. Mon père, je l'adorais, je l'adore encore. Surtout sans sa bouteille. Un clown qui ne veut plus grandir. C'était un puits de savoir. Au milieu de tout ça, au milieu des autres enfants aussi, je souffrais. Comme les autres. Sauf que je n'étais pas décidée à me laisser faire. La réactivité est souvent un don du ciel et j'essayais d'utiliser mes forces vives. Je me sentais seule, et cette solitude me pesait. À qui parler ? Dieu ? Pleurer me délivrait, mais un instant seulement, alors je l'avoue : j'ai cru que mourir pourrait être une solution. Adolescente, j'y ai souvent pensé.

Sarah et son amie Julie évoluent dans la même classe jusqu'à la troisième. La maman de Julie compare tout le temps les notes de nos deux filles. Cela ne présente aucun intérêt à mes yeux et cette comparaison perpétuelle a tendance à m'agacer.

Sarah a un goût très prononcé pour la cuisine et la pâtisserie. Elle adore fabriquer. Son plus grand plaisir, lorsque ses parents partent pour une petite escapade, c'est de leur concocter une surprise pour le repas du soir. Elle va jusqu'à rendre une cuisine aussi propre qu'elle l'a trouvée. Nous ne sommes d'ailleurs pas autorisés à y entrer tant que son travail n'est pas terminé.

C'est une jeune fille respectueuse, qui aime de plus en plus aller jusqu'au bout des choses. Elle me semble mature et courageuse. Elle aime faire plaisir. C'est ancré

L'envol de Sarah

en elle, un trait commun avec son père. Elle nous surprend par sa générosité. Je voudrais parfois la freiner pour qu'elle prenne le temps de se poser un peu, mais elle a trouvé son équilibre entre ses parents, son frère, son amie Julie, ses copines d'équitation, et elle semble ravie et épanouie. C'est un grand bonheur de la voir grandir ainsi. Que peut-on attendre de mieux ?

L'insouciance de la sixième a su laisser place au sérieux de la troisième ; il est déjà temps de penser à l'orientation scolaire. Elle m'a fait part de son désir d'aller vers les métiers de la restauration. Je m'y attendais et je ne lui en cache pas les inconvénients. Bien sûr, Sarah ne veut rien entendre et j'y vois une motivation réelle. Notre rôle n'est pas de la détourner de ses goûts ou de ses envies. Sarah met la barre trop bas et veut se limiter à un BEP. Je lui suggère d'aller jusqu'au bac pour qu'elle bénéficie d'un enseignement professionnel de qualité et qu'elle puisse acquérir une culture générale plus large. Je ne voudrais pas qu'elle se reproche de n'être pas allée assez loin si, plus tard, elle avait l'idée de reprendre des études. Sarah finalement accepte et passe brillamment les concours à Nantes et Quimper pour accéder à une classe de seconde qui la prépare à un baccalauréat technologique hôtellerie.

Sarah a toujours eu peur des examens, tant les concours hippiques que les contrôles scolaires. Cette réussite lui donne confiance. Sa modestie la mène parfois à se dévaloriser. Comme si elle préférait se contenter de peu plutôt que d'être combative et d'aller plus loin. Comme si elle avait peur de l'avenir. Un avenir plus incertain que celui de ses parents, parce que les études n'offrent plus du tout l'assurance d'une situation stable et confortable, parce que la précarité fait aujourd'hui partie de la vie de la plupart. Sarah préfère se raccrocher à ce qu'elle connaît, à ce bonheur sûr de vivre simplement dans de grands espaces entre la mer et les chevaux où les rêves appartiennent à la réalité.

Elle me remercie mille fois de l'avoir si bien préparée à ses entretiens, et je suis heureuse que mes conseils lui aient été précieux. C'est une nouvelle étape dans sa vie. Comme beaucoup, j'ai toujours eu cette volonté d'aider mes enfants de manière à ce qu'ils puissent poursuivre leur chemin avec leurs propres expériences et leurs propres solutions. Les armer pour qu'ils parviennent à se construire eux-mêmes, pour qu'ils soient portés par des modèles qui ne soient pas forcément ceux de leurs parents.

Lorsqu'elle intègre l'école hôtelière de Quimper, Sarah semble motivée. Sa camarade Julie la rejoint faute d'avoir su se trouver une voie plus personnelle. Elles sont dans un vieil internat au plafond haut, aux murs épais chargés d'histoire. Une bâtisse qui me fait penser à un monastère ou un couvent avec sa cour intérieure.

L'envol de Sarah

Elles ne sont pas loin l'une de l'autre, dans des chambres individuelles très propres avec des placards, un lavabo, un lit et un petit bureau pour travailler. Elles nourrissent ces murs épais en y gravant leurs secrets, ils entendent leur amitié qui n'appartient qu'à elles.

Elles se lèvent le matin à six heures, car le lycée d'enseignement est indépendant et se situe de l'autre côté de la ville. Avec les autres internes, elles s'y rendent en bus et regagnent l'internat le soir à 21 heures. De longues journées que j'imagine belles. Le rythme n'est plus le même entre collège et lycée.

Je ne vis pas facilement cette première séparation. Je suis bien trop habituée à la place que Sarah occupe dans cette maison ; ses cris, ses imitations, ses sautes d'humeur, ses élans de tendresse, sa vaillance et sa bienveillance me manquent. « Viens écouter, maman, cette chanson du groupe Téléphone, me dit-elle en m'entraînant dans sa chambre. Je l'adore, c'est ma chanson fétiche : *Cendrillon pour ses vingt ans est la plus jolie des enfants, son bel amant, le prince charmant, la prend sur son cheval blanc. Elle oublie le temps, dans son palais d'argent. Pour ne pas voir qu'un nouveau jour se lève, elle ferme les yeux, et dans ses rêves, elle part, jolie petite histoire...* » Finalement, je me résous à cueillir le bonheur quand il est là, je le capture chaque fois qu'il se présente.

Lorsque je regarde alors autour de moi, je vois des relations entre parents et enfants qui semblent compliquées, et il m'arrive d'avoir peur de perdre ce bonheur, celui que j'appelle, faute de mieux, l'hygiène du cœur. Les élans de générosité de Sarah laissent place à un grand vide durant ses cinq jours d'absence de la semaine, un vrai sentiment de solitude. Notre lien est devenu si puissant que je la vois parfois comme mon alter ego. J'ai une parfaite confiance en elle, comme si j'avais trouvé mon double, mon équivalent. Je pense à ses levers tôt le matin et aux couchers tard le soir après une longue journée dans son internat.

Mon investissement était tel vis-à-vis d'elle que je suis un peu perdue, j'ai du mal à réorganiser cette nouvelle vie. C'est comme si elle n'était jamais sortie de mon ventre, comme si j'avais inventé la petite fille que je n'ai jamais été, comme si je devais encore penser à sa place.

Il m'arrive de trouver son absence si pesante. Lorsque ce vide s'empare de moi, j'entre dans sa chambre pour y écrire et…

Tout a commencé quand quelqu'un a laissé la fenêtre ouverte…

Ce matin-là, elle avait aéré sa chambre comme pour laisser échapper les mauvaises pensées de la nuit. Je m'enivrais de la fraîcheur de ce beau matin d'hiver en gardant la porte ouverte derrière moi pour que le vent s'engouffre dans la chambre. Ce sentiment de légèreté faisait

L'envol de Sarah

s'envoler les colombes de la liberté accrochées depuis dix ans sur son papier peint. Je parcourais avec pudeur les pages de son cahier qui tournaient au rythme du vent, balayées par ce courant d'air incessant. Puis, j'arrête une page blanche pour y jeter l'ancre d'un mot d'amour. C'est l'aube d'un nouveau jour. Le rideau s'envole, effleurant doucement mes cheveux. Mon évasion est totale dans cette chambre, quand tout à coup la porte claque et fait vibrer mon cœur. Égarée, je me relève de son bureau pour m'accouder à la fenêtre. La mer est calme. Quelques pêcheurs à pied grattent les rochers. La « Belle Étoile » est stationnée dans la baie. Les mouettes s'engueulent, le cormoran se noie et le mazout est visible. Les fleurs d'ajoncs ont jauni la colline, le vert a laissé la place au mauve des bruyères. Que d'espérance dans le ciel et Dieu que la nature te rend belle. Je me retourne pour te regarder. Tiens ! les colombes se sont raccrochées à la tapisserie. Mes deux mots écrits sur la page, quant à eux, n'ont pas bougé, et tes paroles ne se seraient-elles pas envolées ? Alors, j'y ajoute la date : 21 janvier 1996, et, doucement, tendrement, je me retire comme pour ne pas te réveiller...

Je ne parle à personne de mon enfance un peu gâchée. Mon mari n'est pas très curieux sur le sujet, lui-même ayant du mal à mettre de l'ordre dans son enfance, comme tant de monde. Mais il ne faut pas vivre d'amertume et de regrets, et parler de tout cela à ma fille me semble un peu prématuré. Elle me posera bien la question un jour.

Pas d'inquiétude à se faire pour cette année de seconde, car Sarah se laisse de moins en moins aller. Elle est très enthousiaste, organisée et assidue dans son travail. Elle aime son lycée et ses enseignants. Nous la sentons dans son élément, aussi gaie que motivée. Lorsque je vais les chercher le samedi à 14 heures à la sortie du lycée, elle parle avec beaucoup de joie de sa semaine passée. Elle aime imiter son professeur principal et nous faire rire en nous contant des anecdotes. La cuisine est vraiment son élément. L'internat lui convient, la compagnie de son amie Julie la réjouit.

Vraisemblablement, les chambres séparées ne le sont plus tout à fait. Comme toutes les lycéennes en pension, elles flânent les mercredis après-midi dans les magasins. Étant donné les règles d'habillement dans l'hôtellerie, Sarah se féminise de plus en plus. Les jeans sont remplacés par des jupes courtes qui lui vont bien. Sarah est grande et mince, ses cheveux longs et marron dont elle aime s'occuper sont très épais, ils ondulent. Comme pour toutes les adolescentes, le maquillage est de mise. Je trouve dommage qu'elle cache sa peau si brune, si lisse et si belle. Elle a abandonné les lunettes qu'elle porte depuis l'âge de six ans pour les lentilles. Ses yeux marron sont mis en valeur, elle a ce regard humble et honnête qui exprime une certaine tranquillité. Mais je sais bien n'être pas la mieux placée pour décrire ma fille ; je suis une mère si fière de son enfant. Mon mari est très heureux de marcher à ses côtés, il dit qu'elle est « une belle petite femme ». Ce dont moi je suis certaine, c'est son allure et son charme.

Même les week-ends, Julie et Sarah ne peuvent plus se passer l'une de l'autre. Je les surprends quelquefois à parler de garçons. Elles ne s'occupent pas des garçons de leur classe et pensent à ceux qui sont plus âgés, ceux de première et de terminale. Sans doute ne s'agit-il de rien de très concret, mais je préfère leur laisser leur jardin secret et imaginer que Sarah m'en parlerait si elle le désirait.

Revenir dans sa presqu'île chérie est un retour aux sources pour Sarah. Elle et Julie passent leurs journées à trotter et galoper par tous les temps. Un jour, Baptiste, complice de leur amitié, les suit, caméra en main, de notre maison de « Posto » jusqu'à la plage de l'Aber. Elles se talonnent, elles se doublent, elles se crient dessus, elles rient. Durant la pause, les chevaux leur mangent même la pomme dans la bouche. Ces images sur cette étendue fantastique sont colorées et pleines de bonheur et de vie.

Sarah s'épanouit de jour en jour, elle évolue vite. Elle a beaucoup d'humour, du tempérament, elle est incroyablement gaie et vivante. Nous rions tant lorsqu'elle imite un cheval avec sa grande bouche. « Arrête de faire ça à table, Sarah ! » Mais elle renchérit et nous rions de plus belle. Elle m'apporte cette gaieté que j'ai toujours aimée chez nous. Je tiens cela de mon père. Sarah et moi sommes toujours prêtes à plaisanter. Nous ne ratons aucune occasion. Nous nous en servons même quand les murs tremblent ou que le verbe est un peu haut, nous parvenons à faire revenir le calme et la joie aussi vite que la tempête était apparue. Sa quête de perfection et de pureté des sentiments me fascine mais m'inquiète un peu également. Sa volonté de croire en l'intégrité des êtres est parfois trop poussée, comme quelqu'un qui refuserait la vérité par peur d'être déçu...

Mon mari, un peu introverti, trouve aisément son compte dans cette ambiance qui le bouscule. Il a reçu une éducation assez classique, bien que le père n'ait pas eu une attitude très autoritaire. L'extraordinaire n'était pas de mise. Des parents dignes et honnêtes, des parents que l'on aime comme ils sont et quoi qu'il advienne, des parents que l'on défend toute sa vie. Ceux qui vous ont donné la vie. Cependant il aime la musique, les livres l'accompagnent, il aime les toucher et surtout les sentir : « Depuis tout petit, j'adore leur odeur », répète-t-il souvent.

Et mon Baptiste, mon « Babou », mon rêveur, mon planeur. À qui de ton père ou de ta mère peux-tu bien ressembler ? La solitude te va si mal et le retranchement te va si bien. Depuis ta plus tendre enfance, tu es dans ton monde. Ta nounou nous l'a répété. Tu te cherches, je crois. Petit, toujours fourré dans les jupes de ta mère, tu aimes mon contact. Que c'est plaisant pour une maman

L'envol de Sarah

d'embrasser son enfant. Si ta sœur esquive mes baisers, toi tu les accueilles avec contentement, ta peau est douce, tes yeux si grands ! Tu me fais tant rire et tellement plaisir quand du haut de tes huit ans tu déclares : « Maman, elle est juste bien ! » Ton humour est mesuré et tu es un garçon tranquille. La puberté affecte ton comportement. Ton visage se ferme, tu nous inquiètes. Tu baisses la tête dans la rue quand tu croises des gens que tu connais. Ta sœur s'en aperçoit, car elle est très proche de toi. Vous chahutez souvent ensemble. Le chat a souvent bon dos, vous le déguisez, le prenez en photo ; vous chuchotez souvent porte fermée. Des enfants qui grandissent sous le même toit peuvent être si différents, mais pour l'instant tout va bien. Pour l'instant.

3

Pendant l'année scolaire, un événement vient bousculer les plans de Sarah. Une opportunité professionnelle s'offre à mon mari et moi, que nous ne pouvons refuser. Mais cela implique que nous déménagions dans la région de Bordeaux. Nous commençons à en parler à la fin du premier trimestre scolaire. Nous pesons le pour et le contre.

Ici, dans un avenir plus ou moins lointain, mon poste est condamné, mais mettre un terme à seize ans de vie dans cette belle région n'est pas facile. Pour Baptiste, c'est sans doute le moment idéal pour partir, puisqu'il doit rentrer au lycée l'année suivante. Pour lui, il n'y a pas d'hésitation, il donne son accord pour une nouvelle vie. Mon mari est aussi très emballé à l'idée de se rapprocher d'une ville. Pour ma part, j'émets des réserves, car je suis très attachée à la région, aux amis, à mon travail. Perdre les liens affectifs qui m'attachent ici me fait peur. Les pierres et les lieux me parlent et je suis comme un arbre qui prend racine. J'ai toujours eu tendance à vivre sur mes acquis sans oser aller plus loin…

Quant à Sarah, elle refuse catégoriquement l'idée de partir. Elle nous parle de son attachement pour le lycée de Quimper, de ses amis et de la région. Je la comprends. Le paysage est merveilleux et offre tous les rêves possibles, alors pourquoi s'en séparer s'il fait partie de notre équilibre ? Mon mari insiste, avec lucidité, en invoquant le confort de vie qui nous attend : plus d'horaires tardifs, plus de contrainte de travail le week-end.

Il a raison, et je dois prendre une décision avec lui. Plus tard, nos enfants ne nous demanderont pas notre avis pour partir à leur tour. C'est une décision que nous devons prendre assez vite, d'autant plus que Sarah devra intégrer une autre école hôtelière à Bordeaux. Par tous ses éléments, ce projet me semble finalement favorable.

Nous en parlons à nouveau à Sarah, qui n'apprécie pas notre choix, mais qui s'y soumet doucement. Son ardeur au travail n'en est pas affectée, ses résultats sont très bons. Nous craignons que son adaptation soit un peu difficile, mais nous sommes aussi persuadés qu'elle saura continuer sur sa lancée. Elle ne nous inflige ni cris ni colère et semble se plier à la perspective de ce départ en septembre prochain, même si, chaque fois que nous en parlons, elle se bouche les oreilles pour ne rien entendre et refuse de s'intéresser à son futur lycée bordelais. Je n'insiste pas, je comprends ce qu'elle ressent. Je pense qu'elle va se faire lentement à cette idée. C'est une question de temps, me dis-je. Elle va, j'en suis sûre, se faire une raison…

Ses résultats scolaires sont en progrès constants et ils deviennent même excellents au troisième trimestre. Elle reçoit les félicitations du conseil de classe en terminant première dans les matières technologiques et troisième au classement général. C'est la plus belle année de toute sa scolarité. Elle reste très humble face à ses résultats. Sarah a pourtant pris son envol. J'ai beaucoup de plaisir à la lire. Le talent des mots se creuse sur le papier. Une pensée furtive me vient à l'esprit, peut-être exagérée : excelle et tu vivras…

La brillante année scolaire se termine. Il lui reste quinze jours pour se reposer avant de commencer sa formation pratique en juillet et août dans un hôtel-restaurant situé tout près de notre domicile. Mon mari a déjà pris ses nouvelles fonctions à Bordeaux en mai, tandis que je prendrai les miennes en septembre. Cela me permet d'être auprès de mes enfants jusqu'à notre déménagement.

En juillet, je prends quinze jours de congé pour rejoindre mon mari et chercher avec lui un logement. Ma belle-sœur Cathy assure une présence auprès des enfants durant mon absence. Tout se passe bien. Sarah m'envoie une jolie carte pleine de tendresse pour me souhaiter bon courage dans mes recherches. Elle me joint quelques renseignements manquant au dossier administratif pour son futur lycée. Elle termine par de gros câlins.

Finalement, nous parvenons à trouver un appartement dans un quartier qui permet aux enfants de gagner facilement leurs lycées respectifs. Dès mon retour à la maison, Baptiste se montre très curieux. Les questions fusent à propos du logement, des lieux environnants, il a hâte de connaître sa nouvelle région. Sarah, qui n'est pas en vacances, accuse la fatigue d'une saison hôtelière chargée. Les relations avec ses patrons sont très bonnes, mais elle doute un peu d'elle et de ses choix.

Nous allons déjeuner, mon mari et moi, dans ce restaurant où Sarah travaille, et nous sommes impressionnés par la qualité du service et l'accueil des patrons. Sarah est leur serveuse fétiche – elle est leur plus jeune stagiaire depuis le début de leur activité. Sarah se montre sous un nouveau jour, avec ses cheveux dégagés, un maquillage léger, une petite jupe noire et un simple corsage légèrement décolleté qui laisse transpirer une jolie féminité.

Vers la fin de la soirée, la patronne nous confie en aparté que si Sarah semble décontractée, elle est en fait inquiète et préfère travailler en cuisine plutôt que d'être serveuse. Elle ajoute que son départ pour Bordeaux la préoccupe. Le soir même, son père la rassure en la félicitant pour son travail, et il sait de quoi il parle, puisqu'il a lui-même fait une école hôtelière. Il est fier d'avoir été servi par sa fille.

Quelques jours plus tard, une bronchite affaiblit ma fille tandis que les relations avec sa meilleure amie semblent se détériorer. Sarah met en doute l'honnêteté de Julie et parle d'un mensonge relatif à une sortie prévue ensemble. Je soupçonne plutôt une histoire de garçons et de jalousie. À son âge, je me souviens d'avoir vécu une sorte de rupture avec ma meilleure amie Nelly. L'adolescence est encore l'heure des illusions et des grandes amitiés que l'on croit indéfectibles. Sarah décide d'aller danser un soir avec d'autres copines en boîte de nuit. Elle y retrouve Julie, qui l'ignore toute la soirée. Sarah ne comprend pas et ne supporte pas l'idée que leur amitié puisse être brisée après tant d'années. Je suis évidemment troublée par la détérioration soudaine de leurs relations. Je suis impuissante et je discute avec elle pour tenter de la raisonner ; Sarah n'a pas besoin de ça avant son départ de la presqu'île. Nous tentons de l'aider, mais les discussions ne tournent qu'autour de cette amitié brisée.

Avec sa marraine et notre beau-frère, nous allons prendre un verre, un soir sur le port. Sarah se comporte étrangement, elle passe du rire aux larmes, boit des tequilas, nous lance : « Je supporte bien l'alcool ! » Le soir suivant, ma belle-sœur est malheureuse en voyant de chaudes larmes couler sur les joues de Sarah. Heureusement, Sarah ne s'éloigne pas de ses autres copines d'équitation.

L'envol de Sarah

Son stage de formation touche à sa fin et notre déménagement arrive à grands pas. Sarah devrait avoir un mois de repos avant la reprise des cours dans sa nouvelle école, le 30 septembre. La priver d'un seul coup de sa région natale pendant ses vacances ne me semble pas très judicieux ni humain. À Bordeaux, ses parents seraient au travail, son frère au lycée, et elle se retrouverait seule dans le nouvel appartement, sans connaître personne. Sarah a plus besoin de se ressourcer et de profiter de ses copines avant de nous rejoindre. Je demande à une amie si elle veut bien recevoir Sarah chez elle une quinzaine de jours. Mon amie accepte, à mon plus grand soulagement. L'arrière-saison est souvent très belle en Bretagne et ce sera peut-être l'occasion pour Sarah de retrouver son amie Julie. J'aimerais tant qu'elle quitte notre presqu'île dans de bonnes conditions, mais je ne peux pas trop m'immiscer dans leurs histoires et je dois la laisser vivre sa vie d'adolescente de 16 ans.

Déménager est un véritable déracinement après seize ans passés ici. Baptiste participe activement au rangement de ses affaires. Pour lui, tout se passe dans la bonne humeur. Les déménageurs ont vidé la chambre de Sarah. Le soir venu, elle s'est enfermée dans sa chambre vide. Je la retrouve blottie dans un coin et remplie de chagrin. Que ces moments me sont douloureux ! Les mots sont difficiles à trouver pour la consoler. Je m'accroupis près d'elle, tandis que son frère est un peu déstabilisé en la voyant ainsi. Je lui murmure : « Ne reste pas sur une note triste, n'oublie pas que tes souvenirs ne le sont pas. Tu te fais du mal. Pense plutôt à la sortie que tu vas faire ce soir avec tes copines. » Mais rien ne sort de sa bouche dans ce bouillon de larmes.

Dans deux jours, nous rejoindrons les déménageurs à Bordeaux avec notre fils. Sarah restera quinze jours chez mon amie Chantal. La page n'est pourtant pas complètement tournée, puisque nous sommes propriétaires de notre maison dans la presqu'île. Les bons souvenirs me font vibrer de nostalgie, tandis que les moments difficiles que nous avons connus s'effacent de ma mémoire. J'essaie de ne pas trop parler de ces seize années avec Sarah afin de ne pas entretenir ses états d'âme. La joie de Baptiste me donne des forces pour aménager le nouveau logement. Il faut aller de l'avant, se fixer de nouveaux objectifs et partir vers d'autres aventures.

Sarah ne me quitte jamais en pensée, tandis que je tente de recréer un nid familial. Il m'est insupportable de la savoir malheureuse. Je croise les doigts pour qu'elle accepte finalement ce nouveau départ. En attendant, j'espère qu'elle se ressource dans la presqu'île, je sais aussi qu'elle pourra y retourner tant que notre maison ne sera pas vendue.

L'envol de Sarah

Récupérer Sarah sans qu'elle ait renoué avec son amie Julie m'inquiète plus que toute autre chose. Je sais que Sarah est très troublée. Hélas, elle aura attendu des excuses de son amie, mais… elles ne seront pas venues avant son départ. Comme si Julie cherchait à la punir, sans pitié, sans pardon, d'un déménagement dont elle n'était pourtant pas responsable. Quelle injustice cela doit être pour Sarah !

Chantal, qui l'a accueillie chez elle, a partagé de bons moments avec ma fille, qui s'est même initiée au *body board* avec l'aîné de ses garçons. Elle a fait de l'équitation avec Marie et Céline, mais l'essentiel, cette précieuse amitié qui l'a tant animée, s'est éteinte. Et Sarah, plutôt que de réagir, semble subir et s'enfoncer dans la déception.

4

Le jour de la venue de Sarah arrive enfin. Nous allons la chercher à la gare de Bordeaux. J'imagine que ses premières réactions seront décisives. Je suis inquiète. Le rendez-vous est fixé au point d'accueil. Je l'aperçois au milieu de tous les voyageurs, et je remarque très vite son visage quelque peu désabusé.

« Bonjour, les parents.

— Le voyage s'est bien passé, Sarah ? Il n'a pas été trop long ?

— Non. J'aime bien le train, j'aurais voulu que cela ne s'arrête pas. »

Des larmes coulent déjà sur ses joues. Nous évitons tout commentaire. Mon sens pratique ou peut-être ma volonté de mettre un terme à ce triste silence me fait penser, peut-être maladroitement, qu'il faut faire des photos d'identité, indispensables aux divers dossiers administratifs. Malgré les efforts de ma fille, la séance photo n'est pas une partie de plaisir, les maladresses s'en mêlent – des pièces de monnaie qui tombent sans cesse, d'autres qui sont refusées ou qui se font avaler sans aucun résultat. Quand nous croyons y être arrivés, nous nous rendons compte que nous avons appuyé sur le bouton grand format… Il va falloir recommencer. Elle se laisse guider devant cette insupportable machine, les yeux rivés sur la vitre miroir qui ne laisse apparaître qu'un visage morne et sans appétit.

Nous regagnons la voiture où mon mari nous attend avant de rejoindre notre nouvelle demeure. Je commente le parcours. Je lui parle du peu que nous connaissons de la ville. De toute évidence, ça ne l'intéresse pas. Sans plus tarder, je lui demande de ne pas se buter et de se laisser un temps d'adaptation. De temps à autre, je tourne la tête pour la regarder à l'arrière de la voiture. Elle ferme les yeux pour ne rien voir, nous lui proposons de passer devant son futur lycée. Elle refuse, elle n'a pas envie de le connaître. Son entêtement va-t-il se tarir ?

Mon cœur se serre et la peine m'envahit à l'idée de l'avoir arrachée à un monde qu'elle aimait. Je lis les mêmes émotions dans le regard de mon mari. Mais les dés sont jetés, nous ne pouvons pas faire marche arrière et il va falloir y mettre du nôtre. À l'arrivée sur le parking de notre résidence, pas un mot ne sort de sa bouche. Elle ne semble pas vouloir entrer tout de suite dans l'appartement. Elle s'assoit en bas des marches du hall d'entrée près d'un chat étendu au soleil de septembre.

« Quand tu seras prête pour entrer, tu sonneras, c'est la première porte à droite. » Une demi-heure passe avant que la sonnette retentisse. Nous lui ouvrons la porte. D'un air désabusé, elle visite chaque pièce. Elle trouve sa chambre trop petite par rapport à celle de son frère. Je lui explique que la superficie est pourtant la même qu'en Bretagne et qu'ils bénéficient en plus d'un cabinet de toilette commun avec douche. Je tente en vain de lui faire apprécier son nouveau chez-soi.

Quinze jours s'écoulent avant la reprise de l'école le 30 septembre. Je n'aime pas la laisser seule dans l'appartement. Je me sens étrangement troublée. Il faut ajouter à cela notre manque de repères dans cette nouvelle région, la prise de nouvelles fonctions dans un nouveau travail avec de nouveaux collègues. Fermer la porte de la maison en y laissant Sarah devient une angoisse à ajouter au reste. Je m'empresse de chercher avec elle un centre équestre pour qu'elle retrouve au moins le monde des chevaux.

Elle reprend rapidement des gestes tendres avec eux et semble regagner un peu de sérénité. Hormis l'équitation et la vie familiale, elle refuse de s'intéresser au monde extérieur. Comme si la ville l'effrayait, le bruit, le stress, l'anonymat. Nous avons pourtant choisi un grand appartement, bien exposé, au rez-de-chaussée, loin du bruit et bordé d'un parc. Nous sommes à dix kilomètres seulement du centre de Bordeaux, à une heure de l'océan et tout proches de la campagne.

L'envol de Sarah

Elle passe beaucoup de temps à écouter de la musique, des chansons à la tonalité nostalgique. Régulièrement, elle nous rappelle qu'il n'y a rien à faire ici. Un samedi soir, nous décidons d'aller au théâtre. Baptiste est enthousiaste, mais Sarah s'y oppose, prétextant son manque d'intérêt pour le théâtre. Nous refusons de la laisser seule, et nous l'obligeons à venir avec nous. Les éclats de rire répondent à des sketches comiques, mais Sarah reste passive, la tête baissée. Son attitude m'inquiète et gâche ma soirée.

Le jour de sa rentrée scolaire est marqué par une grève nationale des enseignants qui la ramène très tôt à la maison. Ce premier pas la rend tellement anxieuse : elle se perd le lendemain dans les bâtiments du lycée. Elle ne trouve personne pour lui indiquer sa classe. Elle fond en larmes avant que quelqu'un veuille bien la prendre en charge. Cette rentrée est la plus dure à laquelle elle ait été confrontée. Cette journée n'est que confusion, on l'envoie d'un endroit à l'autre pour finalement entendre : « Vous ne figurez pas sur la liste, mais on va se renseigner. » Il faudra attendre plusieurs jours pour qu'enfin elle trouve sa classe. Delphine, une nouvelle élève de première, a subi le même genre d'accueil. Elle se place à côté de Sarah, qui ne se voit plus comme un cas isolé au milieu d'un groupe qui se connaît déjà.

Durant ce court premier trimestre, les critiques sur ce nouveau lycée fusent, notamment à propos de l'enseignement pratique. Je comprends très vite que ce secteur est complètement déstabilisé par d'importants et longs travaux. Les travaux pratiques liés à la formation la frustrent de semaine en semaine. Ils se limitent bien souvent à ouvrir des cartons congelés pour en inventorier le contenu… Pas un cours ne répond à son envie de connaître la vraie cuisine ; sa motivation en est altérée.

Malgré cette frustration et ces critiques incessantes, à l'encontre d'un professeur de langue ou de l'organisation, nous sommes surpris de la voir devenir aussi courageuse et sérieuse dans son travail scolaire. Nous finissons par penser qu'elle exagère, que c'est sa façon à elle d'exprimer sa rancune liée au déménagement. Toutefois, elle insiste sur l'attitude de ce professeur de langue quelque peu caractériel à l'égard de ses élèves, qui leur lance que personne ne lui a appris à faire la classe à des nuls. Il lui demande un jour si elle lit le magazine *Géo*. Elle acquiesce et se voit humiliée en étant qualifiée d'« illettrée », puisque d'après lui les lecteurs de magazines le sont, quel que soit leur âge. Sarah nous rapporte beaucoup d'autres anecdotes qui nous font comprendre combien son intégration est difficile dans ce lycée. Elle en conçoit du chagrin. Mais son assiduité au travail nous rassure.

Elle écrit beaucoup à ses copines de Bretagne, excepté Julie, avec qui elle a rompu et qu'elle n'a pas revue avant son départ de la presqu'île. Faire le premier pas est moins facile encore avec l'éloignement. Cette rupture l'a minée. Elle en parle sans cesse.

À l'occasion des vacances de la Toussaint, je décide de partir seule avec mes deux enfants dans notre maison en Bretagne – mon mari n'a pas pu obtenir de congé pour cette période. Nous devons en profiter puisque nous l'avons mise en vente dans le but d'acheter une autre maison dans la région bordelaise. Je pense que ce séjour peut faire du bien à Sarah.

Un après-midi, je conduis Baptiste chez un copain. Puis je vais faire une balade en forêt avec un ancien collègue. Sarah reste seule, affairée à ses devoirs. Dès mon retour, elle m'annonce qu'elle a téléphoné à son amie Julie, qui est venue la chercher avec sa sœur. Ouf ! Quel soulagement pour moi de les savoir raccommodées. Mais son amie a changé, me dit-elle. « Je ne la reconnais pas. Ses cheveux sont coupés et je n'aime pas sa nouvelle façon de s'habiller. Elle prend des airs depuis qu'elle sort avec son militaire. » Je comprends que Julie a emprunté un virage, celui qui mène de l'adolescence vers l'âge adulte, alors que Sarah n'y est pas encore prête.

J'essaie de raisonner ma fille, de lui expliquer que ces reproches ne sont peut-être pas justifiés. Je lui demande d'accepter que son amie prenne une autre direction et tâche de la persuader qu'en aucun cas les bons souvenirs des moments passés ensemble ne doivent être altérés.

Elle n'est pas convaincue. Elle a du mal à se faire aux métamorphoses de son amie. Malgré tout, Sarah va passer un jour et demi chez elle. Mais la transformation de la personnalité de son amie la tracasse. « Je ne la reconnais plus » devient un leitmotiv. Pendant ce court séjour, elles ont partagé de bons moments, des promenades à cheval, des discussions.

Finalement, c'est un séjour sans vagues, ni révolte se rapportant à notre déménagement. Gentille, aimable, sereine, Sarah participe aux tâches cuisinières et se promène seule sur la plage. Sarah a revu d'autres amies, notamment Marie, rencontrée au centre équestre quelques années auparavant. Elle aimait beaucoup le côté simple et sans histoires de cette fille. C'est ce rapport simple et sans histoires qu'elle privilégie avec les filles de son âge. Elle n'aime pas le conflit. Dans la vie, dit Sarah, il faut être « sérieux, comme dans l'hôtellerie, ne pas montrer ses sentiments ».

Trois jours avant notre départ, un acheteur se prononce au sujet de la maison. Nous devrons donc revenir pendant les vacances de Noël pour vider les lieux, régler les formalités et remettre les clefs. Je sens déjà qu'une page de notre histoire en Bretagne se tourne. Heureusement, ces vacances se terminent avec un autre projet de retrouvailles au moment de Noel entre Sarah et Julie. Cette idée me rassure vis-à-vis de notre retour à Bordeaux, que j'appréhendais.

L'envol de Sarah

Dans notre région d'accueil, je commence alors à prospecter en vue de l'achat d'une nouvelle maison. Les enfants ont repris le chemin du lycée. Sarah semble prête pour un nouveau départ. Baptiste, quant à lui, s'adapte à toutes les situations, il se montre très positif. Il ne se pose pas les mêmes questions que Sarah, qui manifeste parfois de l'agressivité avec lui. Ils se chamaillent comme frère et sœur. Les excès de Sarah nous obligent à intervenir régulièrement.

Pour le week-end du 11 novembre, nous sommes invités en Vendée chez des amis. Sarah accepte de se joindre à nous ; elle nous dit s'être toujours bien sentie dans ce groupe d'amis. Mais la veille du départ, elle renonce à venir, prétextant qu'elle craint de s'ennuyer, préférant s'occuper à ses devoirs. Elle décide aussi d'aller seule à vélo jusqu'à son centre équestre malgré une distance de quinze kilomètres. Difficile de s'opposer à une telle décision. Nous la laissons faire, mais l'idée de la laisser seule, sans amis, ne nous tranquillise pas. Je l'appelle le samedi soir après l'équitation. Tout se passe bien. Elle a une voix enjouée. Avant notre retour le dimanche soir, elle a pris le temps de remettre de l'ordre dans l'appartement et de nous préparer un repas comme nous les aimons : pizza maison, gâteau.

Nous redevenons des parents comblés, notre Sarah retrouve son énergie. Elle se met en quatre pour nous faire plaisir, comme par le passé. Reste toujours ce problème avec son nouveau lycée, qu'elle compare sans cesse avec le précédent. Peu de temps avant son conseil de classe, nous rencontrons ses professeurs. J'appréhende cette visite, de peur d'entendre que les résultats sont aussi mauvais que ce que nous savons de l'intégration de Sarah. Mon mari prend les matières technologiques et moi les matières générales. Un seul professeur n'attire pas les foules, c'est le fameux professeur de langue snob. Les parents ne se gênent pas pour dire du mal de lui, de la même façon que leurs enfants. Contrairement aux autres, je me décide à rencontrer cet enseignant hors du commun. Son visage ne m'a pas marquée. Il semble complètement indifférent à cette rencontre, il est plutôt bref et peu éloquent au sujet de ma fille. Rien à voir avec les autres professeurs, si accueillants. Dans l'ensemble, ils me présentent Sarah comme une élève dynamique et souriante, qui ne présente aucun problème d'intégration, avec des résultats corrects. Je suis le dernier parent à m'entretenir avec son professeur de français. Je lui confie, comme à tous les autres professeurs, les difficultés d'adaptation dont nous parle Sarah et ses a priori sur le lycée. Je lui fais part de notre inquiétude, mais cette enseignante me rassure. Elle me décrit Sarah comme une élève qui a de bons acquis, notamment à l'oral, capable de dynamiser le groupe, puis elle me dit que Sarah possède un fort caractère et que c'est une façon pour elle de nous tenir tête face à ce déménagement. Je me suis sentie apaisée. Mon mari a eu également des entretiens positifs pour les matières technologiques.

L'envol de Sarah

Nous nous sentons libérés d'un poids. Soulagés et heureux de savoir que Sarah mène bien sa barque, nous décidons d'aller dîner en tête à tête pour discuter de tout cela. Nous convenons de ne pas lui faire de compte-rendu immédiatement, pour savoir si elle-même s'y intéresse. À notre retour, nous parlons de tout autre chose quand, au bout d'un quart d'heure, elle s'exclame : « Alors qu'est-ce qu'ils vous ont dit ? » Je m'empresse de lui répondre : « Sarah, tu n'as aucun souci à te faire. Je comprends que ton intégration reste difficile, mais tu es une élève aussi appréciée et valorisée que tu l'étais par tes anciens professeurs. Reprends confiance en toi, fais confiance aux autres et tout devrait bien se passer… » Mon mari renchérit avec ce qu'il a entendu des professeurs des matières technologiques. Sarah semble surprise et laisse paraître quelques sourires de satisfaction. Le sujet semble clos et nos encouragements ne manquent pas de la dynamiser. Son conseil de classe du 19 novembre 1996 donne lieu à un bulletin satisfaisant. Sarah est une élève sérieuse, appliquée, bien qu'un peu réservée encore dans certaines matières. Ces avis ne lui conviennent pas tout à fait, mais ils font de nous des parents plus confiants. L'avenir semble de nouveau possible.

5

Nos recherches pour l'achat d'une maison se poursuivent. Nous y associons nos enfants, afin que chacun y trouve son compte. Après de nombreuses visites, nous tombons tous d'accord sur une maison de plain-pied située dans une commune voisine. Nous devons y emménager le 16 février de l'année suivante. Nous avons gardé en vue les commodités de transport pour les trajets vers les deux lycées. Sarah préférera s'y rendre à vélo, elle n'aime pas prendre le bus.

Un soir pourtant, alors que nous allions à pied à sa rencontre, nous la voyons descendre d'un bus, accompagnée d'un grand jeune homme. Nous restons bien sûr à distance et les laissons discuter sur le chemin du retour jusqu'à l'appartement. Visiblement, il habite la même résidence et cette rencontre nous réjouit pour Sarah. On apprend plus tard qu'il est étudiant, il lui parle du métier d'hôtellerie – il y travaille lui-même en extra le week-end.

Les jours s'écoulent sans difficulté particulière. L'équitation se passe plutôt bien pour Sarah. Sa monture lui plaît. La pédagogie du nouveau moniteur lui convient. Elle rentre heureuse après chaque séance. Le mois de décembre est déjà bien entamé et nous nous enfonçons dans l'hiver.

Son planning scolaire risque d'être perturbé à cause de travaux dans la cuisine d'application. Elle n'aime pas ces changements. Les cours dispensés dans ce domaine deviennent de mauvaise qualité. Elle se sent frustrée et nous le fait savoir.

Changement de programme le 16 décembre : elle doit rester à la maison le matin et reprendre à 14 heures. Vers 13 heures, elle m'appelle au travail. Il y a beaucoup de monde autour de moi. Je dois me faire remplacer le temps de lui parler au téléphone.

Ses premières paroles sont : « Maman, je t'aime. »

C'est la première fois que ma fille me fait une telle déclaration au téléphone. Je sens sa voix terriblement angoissée. Elle me dit qu'elle va mal. Je ne peux pas parler longtemps au téléphone ; du monde m'attend. Alors je dis à Sarah d'aller au lycée comme prévu à 14 heures. Je promets d'aller la chercher à 17 heures à la sortie.

Je raccroche, inquiète. Je parviens à me ressaisir avant d'aller rejoindre les clients. Je quitte mon travail à 16 heures pour regagner l'appartement. Pour une fois, mon mari et moi franchissons ensemble les marches du hall d'entrée. Nous parlons un petit peu dans la cuisine. Je lui fais part du coup de fil de Sarah. Avant de partir la chercher, je vais aux toilettes et je tombe sur une multitude de couleurs qui flottent dans la cuvette. On dirait ces petits bonbons dragéifiés. J'appelle mon mari pour lui montrer et lui demande ce que Sarah a bien pu jeter ici… Je me rends ensuite dans la salle de bains. Je vois l'armoire à pharmacie ouverte, des boîtes de médicaments posées un peu partout sur le lavabo. Là, je comprends. « Mon Dieu ! Sarah ! » Je cours vers sa chambre. J'ouvre la porte. Je découvre ma fille profondément endormie sur son lit. Quelques photos de Bretagne et celles des chevaux sont éparpillées autour d'elle. Avec son père, nous essayons de la réveiller. Nous y parvenons et, dans un semi-éveil, elle balbutie quelques mots qui laissent entendre qu'elle regrette que son geste n'ait pas abouti…

Nous découvrons une lettre posée sous son lit :

Je voudrais m'excuser de ce que je viens de faire. Je sais, c'est égoïste, mais je voudrais que vous n'ayez aucun sentiment de culpabilité. Ce n'est pas de votre faute. Si j'ai choisi de faire ça, c'est peut-être parce que je préfère fuir les problèmes plutôt que d'y faire face, pourtant vous avez mis tout en œuvre pour moi. Je me sens si seule et si perdue. Mes amis me manquent tellement que personne ne peut l'imaginer. Je suis sûrement dans un moment de folie. Je

L'envol de Sarah

n'arrive pas à apprendre mes leçons. J'ai l'impression que je n'y arriverai jamais, et puis mon avenir me fait si peur. Je suis désolée, je n'arrive pas à dire les choses telles que je voudrais les dire, alors j'arrête. J'aimerais tellement m'exprimer comme Cabrel.
Je vous aime tellement   Sarah_____
Mille excuses
En fait, je ne sais pas pourquoi je fais ça mais c'est comme ça.
Une chose est sûre, c'est que ma vie n'est pas ici.
Cheval encore cheval

Nous sommes désemparés devant un tel acte. Nous appelons un médecin, qui ne tarde pas à venir. C'est une femme qui s'entretient longuement avec nous avant de s'isoler avec Sarah. Ensuite, j'accompagne Sarah à l'hôpital avec l'ambulance. J'occupe la place du passager à l'avant. Je suis déjà propulsée dans un autre monde avec les sirènes incessantes qui nous fraient un passage prioritaire. La personne qui conduit murmure ces mots : « C'est dur d'être parent aujourd'hui. » Je ne réponds pas. Même à cet instant, je ne pense pas un mot de ce qu'elle dit. L'important, c'est d'être là ! Proche, très proche de mes enfants et particulièrement de Sarah, cette enfant sensible et sensée. Je n'éprouve même pas de colère – à quoi servirait-elle ? Ce serait pour moi une façon de baisser les bras et de ne pas l'accompagner dans ses difficultés. Je décide plutôt de redoubler de patience. Mais en voyant ma fille, je suis triste, profondément triste. Et envahie par un lourd sentiment de solitude.

En arrivant à l'hôpital, Sarah est bien réveillée. Elle ne semble pas souffrir, du moins physiquement. Un lavage d'estomac est nécessaire. L'attente est longue. Un médecin vient me voir au bout d'un moment et me lance sur un ton de reproche : « Il faudrait voir à cacher les médicaments, madame ! » Mon cœur s'alourdit encore plus. On apprend qu'aucun lit n'est disponible pour elle cette nuit, et qu'il faut donc la transférer vers un autre établissement. Je l'accompagne dans une autre ambulance.

J'essaie d'adoucir son visage si plein de tristesse. Je dois la quitter pour la nuit, attendre le lendemain matin pour lui rendre visite. Je passe une nuit épouvantable, puis je suis angoissée au point de ne pas trouver les mots pour lui parler. Des larmes coulent sans cesse de mes yeux, j'essaie de trouver un peu d'air à la fenêtre. Je n'arrive même plus à me retourner pour la regarder. Je ne veux pas qu'elle me voie pleurer. Je me sens impuissante, totalement désemparée devant son visage blême et triste.

Une gentille jeune fille partage sa chambre pour des problèmes d'asthme. Je comprends qu'elles ont discuté ensemble une partie de la nuit. Je dois attendre la visite d'un psychiatre, l'après-midi, avant de pouvoir repartir avec Sarah à la maison. Elle a besoin d'aller aux toilettes.

L'envol de Sarah

Elle emprunte le couloir en traînant avec elle sa perfusion. La jeune fille profite de son absence pour me dire : « Madame ! Il faut que je vous dise quelque chose. Faites très attention à Sarah. Elle est très décidée. Faites très attention ! » Pas de doute, je la crois. Pendant l'attente du médecin, les silences sont pesants ; Sarah n'est pas décidée à parler. Je pars m'aérer de temps en temps dehors. Je réalise que je ne reconnais plus ma fille. Elle est si déprimée. Le passage du médecin ne m'avancera pas beaucoup. Il me dit seulement qu'il faut la faire suivre par un spécialiste en me donnant quelques adresses. Je trouve son intervention un peu légère, il ne sait pas discuter. Mais comme je suis fatiguée, j'ai peu de réactivité.

À sa sortie, il est hors de question de laisser Sarah seule avec son frère à la maison. Il est lui-même bouleversé par ce qui vient d'arriver. Il a à peine quinze ans. Chacun de nous se sent très seul et notre solitude ne fait que commencer, car nous ne savons à qui parler : ma famille me demanderait pourquoi nous avons déménagé, mes amis sont trop loin et le téléphone trop ingrat. Nous n'entendons rien aux raisons qui auraient poussé Sarah à faire ce geste. Alors nous nous enfermons dans le mutisme. Nous ne pouvons plus que surveiller Sarah pour la protéger.

C'est le début des vacances de Noël et je prends un congé pour rester avec mes deux enfants. Ma présence est indispensable. Je dois aussi la convaincre de consulter un thérapeute. Sa gentillesse avec nous est grandissante, comme si elle avait quelque chose à se faire pardonner. Nous allons même toutes les deux en ville choisir les cadeaux pour chacun. C'est déjà une vraie fête. Les cadeaux qu'elle choisit ne sont jamais à la hauteur du plaisir qu'elle voudrait procurer aux autres. Elle souhaite n'oublier personne : ses grands-parents, son père, son frère, ses trois copines de Bretagne qui doivent l'héberger le jour de l'An. Pour son frère, elle choisit un parfum et me confie : « Je n'ai pas été très gentille avec Baptiste ces derniers temps. » Ces courses sont un moment privilégié, un bonheur intense partagé avec ma fille. Je suis tellement fière d'elle. Nous avons décidé ensemble que les cadeaux de Noël seraient offerts la veille du jour de Noël, puisque le 25 décembre nous fêterons les cinquante ans de mariage de mes parents au restaurant.

Je n'avais pas imaginé qu'un jour je m'arrêterais à un bar pour prendre un verre avec ma fille et y discuter longuement...

C'est un beau Noël. Un Noël comme tous les autres. Nous sommes fiers de ce bonheur partagé qui n'appartient qu'à nous quatre. Mais le jour de l'anniversaire de mariage de mes parents, Sarah est redevenue triste. Elle est assise à table, mais elle n'est pas avec nous ; elle refuse même d'offrir le cadeau pour ses grands-parents devant toute la famille. Elle se place en bout de table comme pour ne pas faire partie de la fête. J'ai beaucoup insisté auprès de ma mère pour que nous soyons tous réunis.

Je craignais de ne plus revoir mon père le Noël suivant. Il est déjà si fatigué par la maladie... Je cache ma tristesse, mais je ne peux m'empêcher de penser que l'histoire de la vie de mon père touche à sa fin. Discrètement, je jette un œil à ma fille, à sa jeunesse tourmentée. Hormis mon mari et mon fils, personne ne peut imaginer ce qui occupe mes pensées.

Sarah essaie d'éviter d'être prise en photo, elle s'arrange toujours pour se placer à l'écart. Elle ne cherche pas à discuter avec ses cousins et cousines. En fin de soirée, je la retrouve assise dans la voiture. Si seule.

Le lendemain, nous reprenons la route pour la Bretagne. Nous devons vider de tout objet la maison à présent vendue. Comme prévu, nous accompagnons Sarah chez son amie Julie où elle doit passer quelques jours. Je suis rassurée de la laisser chez cette amie avec qui elle a tant partagé. Rassurée, mais aussi inquiète de laisser Sarah alors qu'elle ne va pas bien. J'insiste auprès de Julie pour qu'elle prenne bien soin d'elle. Je dis seulement qu'elle est particulièrement fatiguée à cause de rhumes à répétition et que je ne souhaite pas qu'elle prenne froid à nouveau.

Baptiste est heureux d'aller dormir chez un copain. Le déménagement a été assez éprouvant. Vider une maison, c'est tourner une page d'histoire. Il est difficile d'abandonner des lieux où les enfants ont grandi jusqu'à l'adolescence. Tout me revient de notre belle histoire en ces lieux. Je me dis que partir c'est la chance d'un nouveau départ. Mais le geste de Sarah me revient et, avec, les reproches qu'elle nous fait d'avoir voulu quitter ce passé heureux.

La maison est vidée, nettoyée. Le camion est chargé. Le dernier tour de clef tourné. Je ne regarde pas derrière moi. La neige commence à tomber comme pour nous rappeler qu'une année de plus est passée. Mon mari et moi parcourons en sens inverse les quatre cents kilomètres qui nous conduisent à nouveau chez ma mère, pour y déposer notre chargement. Nous sommes le 30 décembre 1996 et, le lendemain, nous parcourons la même route pour revenir en Bretagne signer l'acte de vente avec les nouveaux propriétaires. Les dernières formalités se terminent. Nous finissons par aller prendre un verre au café du coin. Un heureux hasard nous fait retrouver Baptiste et son copain dans ce café. Ils jouent au baby-foot. Ces retrouvailles et ce visage heureux me font oublier ma fatigue. Nous partageons un long moment en sa compagnie avant de le laisser en lui souhaitant un heureux réveillon chez son copain.

Comme prévu, nous allons récupérer Sarah chez Julie afin qu'elle puisse rejoindre, comme elle s'y était engagée, deux autres amies pour le réveillon. Là, nous retrouvons une Sarah très fatiguée. Son amie nous annonce qu'elle a fait un malaise à cheval. Monter à cheval par un temps glacial et neigeux n'était vraiment pas sérieux, car elle n'était pas suffisamment en forme. « Elle nous a fait peur ! » me déclare la mère de son amie.

Je sens que Sarah aimerait rester avec Julie. Toutes ces dernières années, elles ont passé leur réveillon ensemble. Mais les promesses sont faites auprès d'autres copines qui l'attendent. Elle ne peut pas faire marche arrière. Je vois que cette séparation est douloureuse dans le regard de ma fille. Elle me confie dans la voiture qu'elle n'a pas envie de partir en dehors de sa presqu'île pour faire la fête. Nous l'accompagnons quand même jusqu'à la maison de son amie Céline. J'insiste une fois de plus sur la fatigue de Sarah et je lui demande de se ménager. Je sais pourtant que, dans leur tête, une nuit de réveillon est synonyme de nuit blanche.

Comme d'habitude, elle nous sourit et nous nous embrassons. Nous regagnons la voiture afin de nous rendre chez les amis qui nous accueillent pour trois jours. Mon cœur est lourd, mais dès notre arrivée leur chaleur me soulage. Nous passons une soirée calme autour d'un repas simple. Le cap de la nouvelle année est franchi et les *Blavez mad* fusent. Je confie très vite à mon amie mes inquiétudes à propos de Sarah et lui fais part de son geste. Cette confidence me fait du bien ; mon amie est la mère de trois enfants et nous partageons beaucoup de points de vue. Nous discutons longuement du choc qu'a pu représenter le déménagement pour Sarah. Je m'inquiète de la savoir à cet instant dans un lieu où elle n'avait pas vraiment envie d'être. Ces trois jours nous permettent de nous remettre de la fatigue causée par le déménagement. J'apaise un peu mon esprit avec nos amis. Dehors, le paysage neigeux est de toute beauté. Je repense à la rareté de la neige en Bretagne ; je laisse quelques beaux souvenirs m'envahir.

La neige a fondu. Nous pouvons repartir le 4 janvier de bonne heure. Dans un premier temps, nous passons prendre Baptiste chez son copain d'enfance. Il est ravi de ces quelques jours. Ensuite, nous allons chercher Sarah à l'arrivée du bus de Landerneau. Nous sommes heureux et inquiets de la retrouver : c'est une nouvelle séparation pour elle. J'espère seulement que ce séjour lui a été bénéfique.

Hélas, il n'en est rien. Sarah a l'air heureuse de nos retrouvailles, mais son teint est blême et sa mine défaite. Je demande à Baptiste de monter à l'avant de la voiture, tandis que je prends place à l'arrière avec ma fille. Comme d'habitude, ses mains sont glacées. Je m'empresse de les réchauffer. Nous reprenons la route tous les quatre.

L'envol de Sarah

Sarah nous parle de sa fête. Rien n'est bon, tout est négatif, tout était nul... Elle dit n'avoir pas apprécié ses copines, avec qui elle s'entendait si bien avant, qu'elle ne les supporte plus. Je l'écoute parler, le cœur triste. De grosses larmes perlent de ses grands yeux. Je ne quitte plus ses mains devenues moites. Comme je la vois fatiguée, désarmée, rongée par une profonde tristesse, je me ressaisis pour lui parler à mon tour : « Sarah, tu es fatiguée. Tu as besoin de beaucoup de repos pour faire le point. Tu es en train de sombrer dans une grande déprime. Ton geste avant Noël était un appel au secours et il va falloir que tu prennes les choses en main avec un médecin. Notre aide ne suffira pas. Il ne faut pas que tu aies honte de ce qui t'arrive. Accepte de te faire aider. » Elle m'a répondu : « C'est toi mon médecin ! » J'ai dû lui réexpliquer : « Non, Sarah ! Te comprendre et t'aimer ne suffisent plus, c'est d'autre chose qu'il s'agit. Je suis dépassée par ton désarroi. »

Mon mari acquiesce et renchérit. Il lui dit que nous sommes là pour l'aider à tout prix, mais que son mal reste inexpliqué, qu'il lui faut du repos, que nous ne pouvons que la protéger sans forcément la comprendre. Baptiste ne dit pas un mot, il est déstabilisé. Il écoute. Nous essayons de détendre l'atmosphère par quelques plaisanteries ; Sarah n'était pas la dernière, il y a peu de temps encore, à aimer rire. Cela ne semble plus être le cas, à présent. Sarah finit par s'endormir, morne, dans mes bras avant de plonger dans un sommeil lourd. Ce n'est pourtant plus une petite fille que je tiens à présent dans mes bras. Mais une grande et belle jeune fille de 16 ans.

Après avoir parcouru quatre cents kilomètres, nous nous arrêtons chez mes parents pour déjeuner. Il fait doux dans la maison, le feu brûle dans la cheminée, l'horloge bat le temps et la cuisine sent bon. J'aime ce retour aux sources. Mon mari se sent toujours très bien ici et les enfants font la fête à Pipo le chien. La météo annonce du mauvais temps. Il va falloir repartir très vite après le repas. Les grands-parents nous reprochent un peu la brièveté de notre visite, mais ils nous offrent comme d'habitude toute leur affection et remplissent le coffre des produits du jardin. Malgré ses traits tirés, mon père arrive encore à faire quelques plaisanteries. Pour une fois, il s'efforce de ne pas verser une larme en nous regardant partir.

Après une heure de voyage, la route devient dangereuse. Une pluie verglaçante inonde l'autoroute. Une voiture glisse en nous doublant. Elle nous coupe la route, percute la barrière latérale de la bande d'arrêt d'urgence, puis finit par tourner comme une toupie, à quelques mètres de nous. Mon mari lâche l'accélérateur. Un peu plus loin, d'autres voitures sont stoppées ici et là sur l'autoroute. Il parvient à les éviter. Tout se passe si vite que j'ai du mal à réaliser. Je tiens la main de ma

L'envol de Sarah

fille. Nous avons eu plus de peur que de mal. La vie est fragile et tout peut basculer en un moment.

Nous ne roulons plus qu'à 50 km/h en poursuivant notre route. Finalement, la pluie s'arrête. Le temps nous semble encore long avant la sortie de l'autoroute. Nous craignons à chaque instant un nouvel accident.

Notre arrivée est un grand soulagement. Il fait bon rentrer chez soi en toute sérénité alors que tout aurait pu virer au cauchemar. Après une bonne nuit, il nous reste le dimanche pour nous reposer avant que chacun reprenne ses activités scolaires et professionnelles. Sarah manque d'enthousiasme à l'idée de reprendre l'école. Sarah manque d'enthousiasme à toute idée.

6

Je me sens lasse et préoccupée au travail. Je n'attends pas plus longtemps et décide d'envoyer Sarah chez un psychiatre. Il me propose une date quinze jours plus tard. Je lui réponds que c'est bien trop loin, que j'ai besoin d'un rendez-vous très proche, que c'est urgent. Finalement, Sarah rencontrera ce médecin dans un délai de trois jours.

Il est 17 heures et Sarah finit ses cours à 17 h 30. Je préfère qu'elle ne rentre pas en bus et je m'empresse d'aller la chercher en voiture à la sortie du lycée. Je la guette parmi les élèves. Enfin je la vois arriver au loin en compagnie de sa camarade de classe Delphine. Elle est détendue et en train de discuter. Cette image me soulage un instant.

Je lui fais signe et l'appelle. Elle me sourit, heureuse de me voir ici. Delphine me salue et part de son côté.

« Tu es venue me chercher, maman ? Pourquoi ?
— J'avais juste envie de te voir plus vite.

L'envol de Sarah

— C'est gentil ! » me dit-elle, avec son plus beau sourire.

Je fais démarrer la voiture et prends le chemin du retour. Je lui demande comment s'est passée cette première journée. Son sourire disparaît, elle me répond qu'elle en a assez, qu'elle n'arrive pas à se concentrer. Elle s'effondre en larmes.

« Tu ne peux pas rester comme ça, Sarah. Tu es déprimée, épuisée, à bout de forces. Il faut que tu évacues tout cela, que tu fasses une pause pour comprendre ce qui t'arrive. J'ai pris un rendez-vous chez un psychiatre. Il faut maintenant que tu fasses confiance à des gens compétents. Nous serons là pour t'aider… »

Je me gare et arrête le moteur. Je continue de lui parler pour la convaincre, mais elle reste indifférente. Le dîner se passe normalement et les conversations vont bon train, mais Sarah ne prend pas part à la conversation. Son père lui répète qu'elle n'a plus le choix : elle doit rencontrer un psychiatre, ne serait-ce que pour essayer de comprendre où elle en est exactement. Il lui parle de sa mine défaite, revient sur son geste du 16 décembre. Il est temps de réagir, lui dit-il. Mais elle ne répond pas et préfère sortir de table en prétextant des devoirs.

Vers 21 heures, je vais frapper à sa porte pour voir si tout se passe bien. Elle me fait comprendre qu'elle ne veut pas être dérangée, que je perturbe sa concentration. Je pars dans la chambre de son frère, un peu contrariée par sa réaction. Baptiste est aussi très occupé par ses devoirs. Je reste quand même un moment en sa compagnie pour discuter de sa journée d'école. Il s'aperçoit de mon inquiétude concernant sa sœur ; nous échangeons quelques mots à ce sujet. J'embrasse mon fils avant de repartir dans la cuisine. Mon mari, quant à lui, est déjà devant la télé, il semble être moins soucieux que moi malgré la discussion qu'il a eue à table avec Sarah. Est-ce moi qui prends tout trop à cœur ? Est-ce un trait purement féminin ?

Ce soir-là, je ne suis pas tranquille. De temps en temps, je vais écouter à la porte de Sarah. Je vais même jusqu'à traverser la chambre de Baptiste pour accéder à la salle d'eau qui sépare leurs chambres. J'entrouvre sa porte sans qu'elle ne s'en aperçoive pour jeter un œil sur elle. Tandis que mon mari regarde son film, je m'affaire aux derniers préparatifs pour le lendemain. Puis je retourne voir Baptiste qui joue à présent sur son ordinateur. Il est en pyjama, prêt à aller au lit. Nous parlons encore un peu quand, tout à coup, je reconnais le bruit d'un walkman. Il provient de la chambre de Sarah. Le son est fort pour un walkman ! Je m'empresse d'aller voir en passant par la salle d'eau. Ce que je vois m'oblige à refermer violemment la porte derrière moi.

Ma fille est assise sur le rebord de la douche. Le walkman sur les oreilles crache une musique violente. Les yeux fermés et le visage inondé d'une pluie de larmes, elle lacère ses poignets avec un énorme couteau

L'envol de Sarah

de cuisine. Doucement, je m'empare du couteau. Je le glisse derrière moi pour le faire disparaître plus loin. J'enlève l'appareil de sa tête sans cesser de lui parler pour l'apaiser.

Je soigne ses blessures qui, heureusement, ne sont que superficielles. Je la rassure, puis je lui demande d'attendre un moment. Je vais voir Baptiste qui a dû entendre et tout comprendre. Pas question de lui mentir. J'ajoute qu'il n'a pas à s'inquiéter pour sa sœur, qu'il ira normalement au lycée demain, tandis que je resterai à veiller sur Sarah. Quand je reviens la voir, elle se met à parler. C'est un flot de paroles sans queue ni tête. Elle ne parvient plus à faire ses devoirs, sa tête lui fait mal, elle ne se supporte plus.

Je lui explique qu'elle n'ira pas à l'école demain, que ça n'a pas d'importance, que je resterai auprès d'elle. Je lui propose de venir dormir avec moi. Elle accepte et je l'aide à enfiler son pyjama. Mon mari est encore dans le salon et n'a rien entendu de ce qui vient de se passer. J'ai l'impression que si je n'avais pas été là, il n'aurait rien vu, il serait resté là devant sa télé : une forme de colère monte en moi. Mais je décide de ne pas lui parler dès ce soir de ce qu'a fait Sarah pour éviter que l'angoisse contamine tout le monde cette nuit. Je lui dirai demain matin, avant qu'il ne reprenne le travail. Je vais le voir dans le salon pour lui expliquer que Sarah est particulièrement angoissée ce soir, que je lui ai proposé de dormir avec moi. Il me demande quelques explications et je m'arrange pour ne pas lui dire toute la vérité. Il est d'accord et part la réconforter et l'embrasser avant d'aller dormir. Il lui reparle du médecin qu'elle doit consulter dans quelques jours.

Sarah est dans mon lit. Je m'allonge à côté d'elle. En temps normal, elle n'aurait jamais accepté de prendre la place de son père dans notre lit. Je la sens épuisée, vidée, mais rassurée par ma présence. Je lui dis de dormir et de se reposer, puis je l'embrasse. J'éteins la lampe de chevet, quelques minutes suffisent pour la sentir sombrer dans un sommeil profond.

La présence d'un médecin à une heure pareille ne servirait à rien. Je la sais sécurisée et tellement mieux près de moi. Vraisemblablement, la violence de son geste l'a calmée au moins pour cette nuit. Ma tension intérieure se relâche avec le silence de la nuit et sa respiration. Mon cœur est lourd de chagrin. Les larmes m'envahissent. Je retiens mes sanglots une bonne partie de la nuit pour ne pas la réveiller.

C'est toujours un moment émouvant d'être près de son enfant et de la rassurer ainsi. Cependant, il ne s'agit plus d'une otite, de ces maux qui passent avec le temps. Son mal m'envahit. Un film incessant du passé heureux en Bretagne défile dans mes pensées. Je revois ma fille pleine de vie, d'envie et d'entrain. Les souvenirs d'une fille aimante, passionnante et passionnée. Et ce rêve est devenu cauchemar. Pourquoi le changement est-il si douloureux pour elle ? La culpabilité m'envahit. Pourquoi avons-nous rompu notre vie pour une autre dont on aurait peut-être pu se passer ? Les questions que je me pose restent sans réponse.

Vers 6 heures, j'entends du bruit dans la salle de bains. Mon mari est debout, il se prépare pour aller au travail. Il est frais, rasé de près, un peu stressé à l'idée d'aller travailler. Rarement de mauvaise humeur, il me glisse toujours un mot gentil, mais aujourd'hui je coupe court à la conversation pour lui annoncer ce qu'a fait Sarah. Il est atterré. Il balbutie quelques mots à propos de ma présence la veille, de la nécessité de l'envoyer chez un médecin immédiatement, mais il est en retard et il doit partir.

À 8 h 30, j'appelle le médecin généraliste qu'elle avait déjà rencontré après sa première tentative de suicide. Cette jeune femme m'avait inspiré confiance. Je rassure Baptiste avant son départ pour le lycée. Ma fille dort toujours d'un sommeil profond et paisible. Dans sa chambre, je tombe sur la feuille sur laquelle elle écrivait hier quand je l'observais. Sur ce bout de papier, je lis sa désolation et ses mille excuses, la force qu'elle n'a plus d'attendre des jours meilleurs. Tout est si confus et si noir, son passé heureux en Bretagne revient sans cesse, ses amis, les chevaux.

Je suis désolée et encore désolée, mille excuses, sachez que je suis réellement navrée de faire ça, de vous faire autant de mal. Il n'y a pas de raison précise à ce geste, mais je suis tellement désespérée ! Pourtant j'ai des parents toujours à mon écoute et qui m'aiment, une mère psychologue. Mais voilà, ce soir, je n'ai plus la force d'attendre de meilleurs jours dans ma tête. Tout est si brouillé, si confus et si noir. Ça fait un trimestre que je pense sans cesse à mon passé, la Bretagne, mes amis, les chevaux, le Paraclet et ses profs, mon espoir c'était elle, et puis tout s'est effondré, ce dernier espoir s'est effondré, tellement j'ai été déçue pendant ces vacances. De ce fait, je n'attends plus rien, je m'impatiente pour que chaque minute, chaque heure, chaque journée, chaque semaine, chaque année se termine. Je ne vois donc plus l'intérêt de ma vie, si ce n'est l'éternelle impatience que la journée se passe. Voilà, en plus, à l'école, ça ne va plus, je n'arrive plus à apprendre mes leçons, à écouter en cours, à me concentrer. Je ne m'intéresse plus à rien, ni même aux garçons, ni à faire la fête… C'est peut-être que je ne me sens plus à la hauteur. Quand je me vois dans la glace, j'ai l'impression d'être si différente, si moche, et je me sens grosse même si je ne le suis pas. Quand je marche dans la cour, j'ai l'impression d'être toujours fixée du regard, je n'arrive pas à être naturelle, c'est vraiment frustrant.

J'ai le sentiment, qui me suit toujours, que je n'y arriverai pas, dans n'importe quoi. Je me sens couler de plus en plus, et ça m'énerve vraiment d'être comme ça, alors qu'il y a des gens qui vivent dans la misère.

L'envol de Sarah

La joie, la gaieté de vivre qui me donnaient du courage se sont éteintes, et de ce fait, je fuis tout, m'apitoyant sur moi-même, j'ai vraiment honte.

Ce soir, je n'arrive pas à apprendre mes leçons, je m'énerve, je pleure, mais je sais très bien que je peux me coucher sans les apprendre, et ma conscience m'empêchera de dormir cette nuit.

Sans arrêt, je pense au moyen de me suicider : les médicaments, ça rate car ils te font un lavage d'estomac ; se jeter dans le vide depuis le rez-de-chaussée, ce n'est pas évident ; se jeter sous une voiture, ça risque de rater, et je risque d'être paralysée à vie et de regretter, et de blesser d'autres gens. C'est bête ce que je dis, mais pourtant c'est ce qui me turlupine tout le temps. J'espère que se tailler les veines, c'est simple.

Désolée de vous dire cette chose-là, mais pour moi il n'y a pas d'autre solution. Pourtant, j'ai lutté contre mes idées noires. Je ne peux pas me voir gâcher mon année scolaire. Je ne le supporterai jamais, car je suis trop consciencieuse.

Je regrette.
Pourtant je vous aime tellement, j'ai grande hâte !
Vous ne pouvez pas exactement comprendre ma souffrance, car sur le papier c'est très difficile à expliquer, même si vous êtes très larges d'esprit.
Pardonnez-moi, je vous en supplie, c'est égoïste, mais c'est une telle délivrance et un tel soulagement pour moi...

Agnès Favre

Promettez-moi d'oublier cela et de vivre votre vie normalement, cela me ferait le plus grand plaisir.

Sarah

La Sarah perfectionniste refuse l'échec. Chaque mot est si fort, si aigu, si tranchant que je pénètre une fois de plus sa souffrance. Il me faut la sauver, il nous faut la sortir de ce calvaire. En parler à qui, si ce n'est à un médecin ? Je tourne comme un lion en cage attendant le sauveur, devant mon amour de fille que je voudrais voir dormir encore longtemps pour la sentir en paix.

La sonnette retentit. C'est le médecin. Elle est jeune, petite, sa démarche et son regard dégagent une certaine assurance. Elle comprend la gravité de mon appel ; elle sait que Sarah a récidivé. Elle lit attentivement la lettre. Elle prend son temps pour discuter avec moi, elle est à l'écoute, et cela m'est précieux. Son professionnalisme m'apaise. Elle me propose un centre adapté pour adolescents et jeunes adultes à Bordeaux. J'en avais déjà entendu parler ; elle semble considérer que c'est le lieu adéquat. Il est 10 h 30 et il va falloir réveiller Sarah pour qu'elle discute avec ce médecin.

Je me dirige vers la chambre. J'ouvre la porte. Sarah bouge et se réveille. « Bonjour, maman », me dit-elle de sa voix si cruellement douce. Je m'assois près d'elle. Je l'embrasse. Je prends ses mains chaudes dans les miennes puis lui parle : « Tu sais, après ce que tu as fait hier soir, j'ai décidé d'appeler le médecin que tu as déjà rencontré le mois dernier et elle est déjà là. Elle va venir te parler. » Son visage s'assombrit.

Je les laisse toutes les deux ensemble un très long moment. Le docteur revient me voir dans la cuisine. Sarah a accepté l'hospitalisation et le médecin s'entretient déjà au téléphone avec l'infirmière du centre. Il reste un lit disponible. Sarah sera admise en début d'après-midi.

Je l'accompagne au quatrième étage de l'unité médico-psychologique. Les lieux sont clairs, propres. Nous traversons de longs couloirs comme dans tous les hôpitaux. Le calme est reposant. Quelques portes sont ouvertes qui laissent entrevoir quelques visages ou des corps allongés sur les lits. Nous sommes bien accueillies. Une jeune infirmière présente à Sarah les salles communes et les différentes règles de collectivité. Il y a cette salle à manger à gauche, et une grande pièce où est accroché un grand tableau dans le fond, sur lequel chacun s'exprime librement par le dessin ou par les mots.

Sarah va partager sa chambre avec une autre adolescente. Les visites ne seront pas autorisées pour les prochaines quarante-huit heures. Je dois prendre rendez-vous dans quinze jours avec le médecin et l'assistante sociale qui vont la suivre au sein de l'unité. Je suis si peinée de la quitter mais aussi rassurée de la laisser dans ce lieu qui répond à ce que j'attendais. Je prends ses mains puis, en l'embrassant très fort, je ne peux m'empêcher de lui murmurer : « Fais le vide, Sarah, libère-toi de ce mal-être ! J'ai confiance en toi ! »

Peu importe la durée de son séjour, peu importe son absence au lycée, puisqu'il faut accorder du temps au temps. Celui pour elle de faire le point sans remettre toujours en avant son passé. Ne plus s'y enfermer comme si la vie s'était arrêtée là, comme si nous l'avions amenée dans un labyrinthe sans issue. Est-il possible d'avoir vu son enfant si souvent bien dans sa peau, pour le voir chavirer à ce point après ce qui aurait pu être un simple déménagement ? Ma tête est trop lourde pour imaginer pouvoir reprendre un rythme normal.

7

Au fil des jours, nous nous accoutumons au monde hospitalier, qui nous était complètement inconnu. Le personnel se montre disponible et à l'écoute du patient. Après une heure d'entretien avec l'assistante sociale, nous sommes rassurés par sa voix douce et son professionnalisme. Le médecin de Sarah est un peu froid. Une barrière se dresse entre son savoir et nous. Sa peau est aussi blanche qu'il est brun, ses yeux sont aussi noirs que ses cheveux. Un physique d'artiste plus que de médecin, mais bien trop silencieux. Enfin nous parlons de Sarah, de son éducation, de son histoire, de son passé, de sa scolarité, de sa façon de vivre, de ses sautes d'humeur, de son chagrin, de ses doutes, de ses rancœurs, de ses amertumes, de notre autorité de parents. Nous en venons au déménagement et c'est alors qu'il finit par intervenir : « Ce n'est pas un déménagement qui pousse une jeune fille à vouloir se suicider, ce n'est qu'un facteur déclenchant, il doit y avoir quelque chose de plus latent. »

L'envol de Sarah

Nous insistons sur les lettres qu'elle a laissées, mais il ne semble pas s'y intéresser. Je suis surprise, je pensais qu'il pourrait vouloir les lire pour y décrypter quelques éléments. Finalement, pour eux, peut-être que ces lettres se ressemblent toutes ? J'insiste, mais il n'en veut pas.

Le temps de nos visites, Sarah nous montre son meilleur visage. Nous évitons toute question sur le déroulement de son séjour. Sarah semble comprendre que nous sommes à son écoute, qu'elle peut tout nous dire quand elle le veut. Au fur et à mesure que mes enfants grandissaient, je leur disais de ma voix intérieure : « Je peux tout entendre, même ce que vous imaginez de pire ! »

Vraisemblablement, le médecin qui suit Sarah ne travaille pas dans cette unité à plein temps, il possède son propre cabinet. Il ne voit donc pas Sarah tous les jours. Il est heureusement relayé par une équipe soignante qui me semble attentive. Si Sarah a besoin de discuter, une porte est toujours ouverte.

Au fil des jours, elle nous fait part d'une relation amoureuse au sein du centre, avec un patient hospitalisé quelques jours avant elle. Comment va-t-elle s'impliquer dans cette histoire ? Jamais auparavant je n'ai entendu parler d'un prétendant.

Les entretiens avec les infirmières se passent mieux qu'avec son médecin. « Il s'en fout, il se ronge les ongles et passe beaucoup de temps au téléphone », me dit-elle.

J'essaie de comprendre pourquoi elle ne lui dit pas qu'elle aimerait le sentir plus impliqué ; je l'en sais capable, mais elle abrège la conversation avec désinvolture.

Elle me fait remarquer que les jeunes ont presque tous une peluche avec eux. Le lendemain, je lui en rapporte trois de sa chambre, dont une à laquelle elle est particulièrement attachée. Il s'agit d'un petit singe bleu. Elle l'avait gagné avec son père au tir à la carabine dans une fête foraine en Bretagne. Je trouve un peu étrange cette façon d'essayer de ressembler aux autres jeunes du centre : je me rends compte très vite que son petit copain possède aussi une peluche – par la porte entrebâillée de sa chambre, je l'ai aperçu avec alors qu'il était allongé sur son lit. Finalement Sarah s'intègre dans le groupe en faisant la même chose avec son singe bleu. Je me pose des questions à voir ce jeune de vingt ans affublé d'une peluche : est-il si difficile de quitter le monde de l'enfance ou de l'adolescence pour rejoindre celui des adultes ?

Combien de questions nous sommes-nous posées à propos de ce passage qu'est l'adolescence ? Les filles jouent à être des femmes. Elles veulent toujours paraître plus que leur âge, donner une fausse image, alors que tout se bouscule dans leur tête. Sarah a aujourd'hui un visage d'adulte, un comportement d'adulte, elle semble courageuse comme une adulte, mais son comportement reste, à bien des égards, celui d'une enfant. Elle va au-delà de ses forces par peur de décevoir et de se décevoir. Mais elle est déçue et abattue.

Je revois sans cesse dans ma tête son passé heureux en Bretagne, où rien ne laissait entrevoir ce qu'elle est aujourd'hui, ce qu'elle subit… Plus je me retourne vers le passé, plus ma culpabilité s'accroît.

Tout au long de l'hospitalisation de sa sœur, je redouble d'attention pour mon fils. J'essaie de ne pas lui montrer l'inquiétude qui pourtant me submerge. J'ai bien conscience que l'intégration de Baptiste dans cette nouvelle vie n'est pas facile, étant donné les événements, mais il s'en sort bien. Je discute beaucoup avec lui, je ne veux pas qu'il se sente délaissé. Il ne faut pas que Sarah puise toute mon énergie. Baptiste est aussi un adolescent de quinze ans. Il a besoin de moi.

Nous continuons à rendre visite à Sarah un jour sur deux, parfois plus. Il nous arrive de ne pas y aller ensemble, mon mari et moi. Sarah n'a pas forcément envie de dire à l'un ce qu'elle veut dire à l'autre. Nous avons aussi remarqué que nous prenons trop de place quand Baptiste nous accompagne à l'hôpital le week-end. D'ailleurs, il décide un jour de s'y rendre tout seul en vélomoteur.

Sarah entame son dixième jour d'hospitalisation. Plus le temps passe, plus j'ai le sentiment d'être abandonnée, délaissée. Mon mari et moi allons de plus en plus mal, et personne ne s'en préoccupe. Nous sommes perturbés dans notre travail et inquiets dans la vie de tous les jours.

Nous ne connaissons pas suffisamment nos collègues pour partager avec eux notre souffrance. Il y a cette question du pourquoi que nous craignons parce que nous n'en connaissons pas la réponse. Nous sommes mutiques ; le sujet est presque tabou. Nous pourrions tenter de parler aux médecins, mais nous les sentons débordés, nous avons peur de les déranger. La seule porte qui n'est pas tout à fait close est celle des infirmières, « disponibles et à l'écoute », comme le dit Sarah.

Son absence du lycée semble beaucoup la perturber. Nous lui répétons que ce n'est pas grave pour la rassurer, mais elle renchérit sans qu'il nous soit possible de la raisonner. Son père n'arrive plus à garder son calme, il hausse la voix pour qu'elle nous écoute, mais Sarah est têtue et en a décidé autrement. Elle prend la porte. Son père la rattrape et refuse de clore cette conversation. Sarah pique une crise de nerfs par terre, au milieu du couloir. Des infirmières et quelques patients arrivent. Mon mari poursuit quand même et lui explique qu'elle est ici pour son bien, qu'il est temps qu'elle le comprenne et qu'elle doit faire abstraction de l'école pour l'instant. Elle finit par se relever et part en courant dans sa chambre. Nous sommes gênés. Une infirmière vient discuter avec nous.

Je connais bien ce trait de caractère chez ma fille – l'entêtement. Aujourd'hui, elle décide que l'école doit passer avant sa santé mentale et rien ne peut la faire changer d'avis. Que pouvons-nous lui reprocher ? Ce soir, Sarah ne souhaite pas nous dire au revoir. « Elle va faire le point dans sa chambre », nous dit l'infirmière, qui nous laisse entendre que ce sera intéressant et sûrement utile pour son prochain entretien.

Nous laissons les jours s'écouler sans lui poser de questions. En croisant les visages des patients, je comprends très vite avec lesquels elle sympathise le plus. Les séjours des patients sont plus ou moins courts et je me demande comment Sarah va réagir en voyant partir certains d'entre eux avant elle. Au cours de sa troisième semaine, nous osons croire à une petite amélioration. Il n'est pas encore question de sortir : de toute façon, ce n'est pas à nous de décider.

Nous sommes le 24 janvier, Baptiste rentre de l'école en se plaignant d'un mal de ventre. Le mal persiste. J'appelle le médecin, qui diagnostique une crise d'appendicite. L'idée de savoir que mes deux enfants seront désormais à l'hôpital me fait mal. Je me sens plus cafardeuse encore en accompagnant mon fils aux urgences. Je me demande si je ne connaîtrais de Bordeaux que les hôpitaux. Je suis dépassée.

Le lendemain, mon mari et moi nous sentons comme deux orphelins dans l'appartement. Je dis cela à Sarah qui, pour me rassurer, me dit : « Ne t'inquiète pas, maman, ça ira mieux bientôt. »

Le dimanche 26 janvier, Baptiste vient d'être opéré de l'appendicite. Il nous dit qu'il a mal, bien plus mal qu'avant l'opération, mais l'intervention du chirurgien devrait le soulager complètement. Le mal de Sarah, quant à lui, est impalpable ; un médecin peut l'aider et la soulager, mais c'est à elle d'accomplir l'essentiel du travail pour en sortir. Ces pensées laissent place au perpétuel doute, à l'inquiétude et à l'attente ; nous sommes dépendants de la volonté de Sarah.

Le lundi 27 janvier, Sarah me déclare se sentir prête à sortir le lendemain. Voilà vingt jours qu'elle est hospitalisée. Je lui demande si elle en est vraiment sûre. Elle sort d'un entretien avec un médecin et il semble qu'elle n'ait aucun doute là-dessus.

Les vacances de février approchent. Je l'avais inscrite quelque temps auparavant à un séjour en classe de neige pour les 14-16 ans, l'idée lui plaisait. Finalement, ces vacances arrivent à point.

Sarah et Baptiste sortent le même jour de l'hôpital. Il reste trois jours avant les vacances, mais Sarah ne souhaite pas reprendre le chemin de son école pour si peu de temps. Elle préfère rattraper les cours grâce à sa copine de classe. Je n'approuve pas sa décision, mais elle se rebiffe de nouveau.

Durant ces trois jours, c'est mon mari qui va rester à la maison avec les enfants. Dès le premier jour, Sarah me

L'envol de Sarah

demande d'annuler son séjour au ski, elle prétend qu'il n'y a pas de neige et surtout qu'elle préférerait faire du ski avec nous. Il est vrai que l'année passée nous avions passé un séjour merveilleux à la montagne. Elle avait adoré skier, on ne pouvait plus l'arrêter. Elle dit surtout ne pas vouloir être en compagnie de jeunes de son âge et essaye de nous convaincre qu'un séjour au ski avec ses parents lui serait plus profitable. C'est à mon avis une erreur, mais je ne peux pas non plus l'envoyer contre son gré, surtout dans l'état où elle se trouve. Malheureusement, nos finances ne nous permettent pas de partir au ski en famille cette année. Finalement, nous annulons son séjour. Nous nous retrouvons alors tous ensemble ; notre présence est pour elle et pour nous une sécurité.

Son médecin nous conseille de prendre contact avec un autre psychiatre pour mettre en place un suivi régulier. Il recommande un médecin femme, ça semble mieux convenir à Sarah. Il nous donne trois noms.

Il m'est impossible d'obtenir un rendez-vous avant un mois. Pourtant, le mal de Sarah, lui, n'est pas un mi-temps. Découragée par ces temps d'attente, je me renseigne auprès du généraliste qui l'a rencontrée à la suite de ses deux tentatives de suicide. Le relais de cette jeune femme médecin généraliste s'avère rassurant, plus humain, y compris pour mon mari et moi. Elle me conseille quelqu'un qui n'est pas très loin de chez nous pour éviter la lourdeur des déplacements. Je rencontre très vite cette femme psychiatre qui devra prendre Sarah en rendez-vous une fois par semaine. Je l'accompagne lors de la première visite. Je repars confiante.

Hélas, dès le lendemain, la situation s'aggrave. Sarah profite de la courte absence de son père pour boire de l'alcool. Son frère est effrayé, il lui retire la bouteille, mais elle en reprend une autre. Baptiste se sent impuissant et se met à pleurer.

Elle le supplie de ne rien dire aux parents. Heureusement, il comprend que la vie de sa sœur est en danger. Il prévient son père dès qu'il rentre. Mon mari va immédiatement la voir et la trouve à moitié ivre dans le salon. Elle se plaint de son frère et de sa trahison, se défend en prétendant bien tenir l'alcool. Son père lui tient tête. Elle s'énerve et le menace : « Je vais bien profiter de mes vacances avec mes amis du centre… et après… ». Un geste fait suite à la parole : Sarah passe sa main en travers de son cou. Mon mari s'énerve. Elle renchérit.

Malgré son séjour de vingt et un jours dans l'unité médico-psychologique, sa décision d'en sortir était apparemment prématurée. On s'en doutait et elle vient de nous le démontrer.

Sarah n'est pas en état de récupérer le retard scolaire qui s'est accumulé durant un mois. Je ne lui en parle pas en voyant la situation se dégrader. Elle me fait de toute façon comprendre qu'elle n'a pas envie de « se prendre la tête ». Je sais que cette expression n'est pas une parole en

L'envol de Sarah

l'air pour elle qui d'ordinaire est si consciencieuse. Je n'insiste pas. Étudier n'est plus une priorité à ses yeux. Je l'encourage malgré tout pour des choses plus simples ; elle semble prendre plaisir à rédiger son rapport de stage qu'elle doit remettre à la rentrée de février.

Elle veut souvent voir son copain Gérard qu'elle a connu au centre. Elle semble amoureuse. Nous ne voulons pas l'en empêcher – cela peut même favoriser son équilibre. Un après-midi, alors que je rentre du travail, je vois une jolie rose posée sur la table de la cuisine. Je reconnais la gentillesse de ma fille. Même si c'est avec quelques jours de retard, elle me souhaite bonne fête :

Voilà une rose ! Jolie comme sa maman à qui cette jeune fille a fait beaucoup de mal, sans le vouloir. Elle ne s'en rendait pas vraiment compte, fermait les yeux à son entourage, à leur état d'âme, et sous-estimait le tracas d'un déménagement. Cette personne en est vraiment navrée, mais, pour l'instant, elle ne désire qu'une chose : que vous soyez heureux, même si pour l'instant cela ne me paraît pas évident.
Cette fleur a été offerte pour la Sainte-Agnès avec du retard. J'espère que vous ne m'en voudrez pas trop pour tout ce que je vous « fais subir », mais sachez que c'est involontaire. Je ne

vous demande pas de me comprendre, car moi-même j'ai beaucoup de mal.

Une chose est sûre, c'est que je vous aime et que j'ai beaucoup de chance d'avoir des parents comme vous. Aussi ouverts et compréhensifs sur ce qui m'arrive en ce moment. Je suis consciente que ce n'est pas évident. En plus, cette jeune fille, en ce moment, ne pense qu'à passer ses journées avec ses amis et rejette complètement les cours. Je n'y peux rien, c'est comme ça, mais je suis persuadée qu'il faut du temps et un peu d'espoir pour que tout cela change.

Bonne Sainte-Agnès avec du retard
Je vous embrasse
À tout à l'heure
Sarah

C'est avec beaucoup d'émotion que je lis ces mots. Ils sont une bouffée d'air pur, une sorte de pause dans cette vie qui va à cent à l'heure depuis que nous sommes ici. Je suis submergée par mon nouveau travail, les soucis matériels et les démarches administratives de vente et de rachat des maisons. Je n'ai plus le temps de me poser, tout défile trop vite. Je suis accablée de fatigue. De multiples imprévus viennent entraver une route déjà pleine d'embûches. Pourtant nous y mettons du cœur mon mari et moi. Seule l'équitation semble faire revivre un peu Sarah, et ses gestes tendres pour les chevaux, eux, n'ont pas changé.

L'envol de Sarah

Dans quinze jours, il va falloir déménager à nouveau. Après son travail, mon mari refait quelques peintures dans notre future maison. Je décide un jour d'aller le rejoindre vers 17 heures. En cette fin d'après-midi, Sarah ne se sent pas bien en revenant d'une sortie au cinéma avec une copine du centre médico-psychologique : « Je n'ai pas aimé le film et ses copains sont nuls… », se plaint-elle. Décidément, Sarah ne s'accroche pas aux nouvelles rencontres. Il est hors de question que je quitte l'appartement en la laissant seule avec son frère. Je la convaincs de sortir du fauteuil dans lequel elle est avachie et de m'accompagner à pied.

Il nous faut trente minutes pour nous y rendre, ça devrait nous détendre. Au bout de dix minutes, j'ai l'impression de la traîner, sa démarche ne lui ressemble pas. Je me rends compte, à une centaine de mètres de la maison, qu'elle a de plus en plus de mal à articuler et je la vois tituber. Je lui dis naïvement qu'il va falloir qu'on revoie son médecin pour réajuster le dosage des médicaments – elle est sous anxiolytique, du Xanax, et sous antidépresseur, du Prozac. « Peut-être », me répond-elle. Je finis par la traîner en la serrant contre moi jusqu'à la maison. Et, en une seconde, je réalise combien je me trompe : Sarah a évidemment avalé une surdose de médicaments. Je n'ai pas d'autre choix que de l'interroger, même si je ne suis pas certaine qu'elle me dira la vérité.

Avec son teint blême et ses lèvres sèches, elle me répond qu'elle ne sait pas. Une fois de plus, je suis désarmée. Je me sens perdue, je ne distingue plus clairement les priorités, je me demande comment je vais pouvoir m'occuper d'elle en plus des choses matérielles et du travail. Ma fille nous file entre les mains. Je n'y vois plus clair. Nous ne pouvons pourtant plus faire marche arrière. Il va falloir prendre les choses les unes après les autres. Le soir même, j'impose à Sarah de prendre moi-même en charge son traitement.

Aux dernières nouvelles, la santé de mon père se dégrade. Le diagnostic me laisse entrevoir une fin proche. J'en parle à mes enfants. Sarah, qui revient de l'équitation, est assise dans la voiture et me demande : « Pourquoi acceptes-tu la mort de pépé et refuses-tu la mienne ? » Je lui réponds aussitôt : « Sarah, ne compare pas ce qui n'est pas comparable ! Mon père a eu une vie bien remplie, alors que toi, tu n'es qu'à l'aube de la tienne ! » J'ai trouvé sa remarque si violente que j'ai préféré ne pas épiloguer plus longtemps sur le sujet. Par gentillesse, elle insiste pour se rendre à l'hôpital avec moi et voir mon père. Je lui explique qu'il m'est impossible de faire cinq cents kilomètres dans le week-end et que nous irons le voir après le déménagement. Je ne peux m'empêcher de penser ce qu'aurait dit mon père : « Tu mériterais bien que j't'emmène voir la mort en face, ma petite Sarah. Ça te ferait un électrochoc qui te vaudrait bien un aller-retour ! » Bien trop fatiguée, j'abandonne cette idée.

Visiblement, Sarah augmente sa consommation de cigarettes. Nous lui interdisons de fumer dans sa chambre. Ce dimanche, son père va frapper à sa porte pour qu'elle nous rejoigne à table. Elle s'empresse de sortir de sa chambre. Le repas est très détendu, quand soudain une odeur de brûlé parvient jusqu'à nous. Je pars vérifier la machine à laver qui est en marche. Mon mari s'y rend aussi pour me confirmer que rien n'est anormal. Nous imaginons que cette odeur doit provenir de l'extérieur jusqu'à ce que quelqu'un vienne sonner à la porte pour nous alerter qu'une fumée noire sort de chez nous. Nous courons vers la chambre de Sarah et découvrons sa poubelle en flammes. Nous étouffons les flammes avec une couverture, jetons de l'eau dessus avant l'arrivée des pompiers. Sarah est tétanisée devant sa bêtise : une cigarette mal éteinte et jetée à la hâte dans la poubelle avant l'intrusion de son père dans sa chambre. Sans la brusquer, nous lui faisons remarquer son manque de jugeote. Nous exigeons qu'elle fume dorénavant hors de sa chambre. Nous ne tolérerons aucune exception.

Décidément, cette attitude ne lui ressemble pas. Les murs et le plafond sont noircis par la fumée, l'odeur est insupportable. Nous passons toute l'après-midi à nettoyer cette crasse noire. Pour se faire pardonner, Sarah redouble d'efforts. Elle me confie le lendemain combien elle se sent coupable de sa négligence. Elle dit nous être reconnaissante d'avoir si bien réagi : « Lorsque les pompiers étaient là, j'avais honte de moi. J'étais bouleversée dans la cuisine et je n'avais qu'une seule envie, m'enfuir avec un couteau pour me tuer, mais heureusement vous avez trouvé les mots qui rassurent... »

Je ne comprends pas la violence qu'elle développe contre elle-même. Comme si un feu la rongeait et qu'une seule issue s'offrait à elle : sa propre destruction. C'est inacceptable pour une mère. Et la douleur est redoublée par le fait que je ne peux plus jouer la carte de la sévérité ; cela ne ferait qu'aggraver la honte d'elle-même qui ronge Sarah.

8

Au fil des jours, le vague à l'âme de Sarah s'aggrave. Elle passe beaucoup de temps à écouter des chansons, seule dans sa chambre. Elle me donne l'impression de nourrir son mal-être plutôt que d'essayer de le fuir. Sa souffrance me transperce. Elle fait aussi affleurer celle de mes seize ans, l'ombre de ma propre détresse d'adolescente. Mais à l'époque, j'utilisais ma douleur comme un moteur, je la transformais en énergie, pour devenir adulte plus vite.

Malheureusement, au sortir de l'enfance, quand l'adolescence vous pousse à devenir adulte, il arrive que nos illusions et notre innocence meurent. Le rêve et le sublime sont souvent maltraités par la réalité. C'est comme un entonnoir qui, lorsqu'on y tombe, offre un passage de plus en plus difficile et à travers lequel pourtant il faut se frayer un chemin avant de trouver sa place. Sarah n'a-t-elle pas perdu l'illusion d'une vie calme et paisible en quittant sa petite presqu'île bretonne ?

L'envol de Sarah

Préfère-t-elle s'éloigner d'une société qu'elle devine folle et violente ? Le bruit, les grouillements divers, l'individualisme, la concentration de tout dans des villes grises et tristes où le monde est superposé, un monde égoïste et méfiant, est-ce cela que ma fille fuit ?

Je donnerais tout pour voir Sarah plus heureuse. Les rendez-vous hebdomadaires chez son nouveau psychiatre ne la ramènent chez nous ni enchantée ni soulagée. Elle continue d'écouter des chansons de Cabrel qui l'installent dans une rêverie cafardeuse :

Assis sur le rebord du Monde. Si j'ai bien toute ma mémoire, disait Dieu dans un coin du ciel, j'avais commencé une histoire, sur une planète nouvelle, toute bleue, bleue, pour ne pas qu'on la confonde, je vais aller m'asseoir sur le rebord du Monde, voir ce que les hommes en ont fait...

Mon mari et moi devenons tristes, fatigués, surmenés, mais nous ne lâchons pas prise. Une certaine solitude s'installe. Parfois, j'aurais besoin moi-même de quelqu'un pour me soulager, pour me sortir de cette torpeur. Mais demain est un autre jour... Alors j'emballe à nouveau nos affaires dans des cartons avant ce déménagement qui nous prend tant d'énergie et de temps. Ce sera le troisième déménagement en six mois. C'en est un de trop, même si j'espère qu'il sera salvateur.

Heureusement, frères, beau-frère et amis viennent nous donner un sérieux coup de main pour charger et décharger le camion que nous avons loué. Ils nous redonnent du courage. Sarah ne nous a pas délaissés et a participé. Soulagée par son dynamisme, je lui propose de se rendre seule en mobylette à son cours d'équitation. L'idée lui plaît et elle revient plutôt contente en fin d'après-midi. De notre côté, le nouvel aménagement a bien avancé ; les meubles ont pris une nouvelle place dans cette jolie maison, les lits sont installés et nous avons de quoi cuisiner.

Le soir venu, nous dînons tous ensemble. Sarah décide de nous préparer des spaghettis carbonara et régale mon beau-frère. Mon frère et lui restent dormir pour nous donner un dernier coup de main le lendemain. Nous nous réveillons, ce dimanche 16 février, dans notre nouvelle maison et je suis en partie soulagée. Baptiste est heureux, il installe son ordinateur et s'occupe à ranger sa nouvelle chambre.

Mais l'humeur de Sarah est plutôt chaotique. Elle a quelques élans de tendresse avant de tourner en rond puis de rentrer dans sa chambre. Soucieuse de se rendre utile, elle nous rend divers petits services. Mon mari ne la perd pas de vue. Il s'aperçoit qu'elle a tendance à s'allonger sur son lit avec un air tourmenté. La fin de la matinée arrive à grands pas et nous allons déjeuner tous ensemble avant que ma famille reparte chez elle.

Sarah vient me rejoindre dans la cuisine. Je m'aperçois qu'elle a attaché autour de son poignet son petit singe bleu en peluche. Je comprends qu'elle ne souhaite pas s'en séparer le temps du repas. Je profite du fait que nous sommes seules toutes les deux pour lui confier que je sais qu'elle n'est pas bien ce matin, je le vois. Mais le moment n'est malheureusement pas très approprié pour que nous en parlions. Je lui promets de m'occuper d'elle dès le départ de la famille. Je lui demande si elle ne peut pas quitter son petit singe pendant le repas. J'ai peur que tout le monde ne comprenne pas.

Sa pâleur me soucie. Je voudrais que mon frère et mon beau-frère partent plus tôt pour que je puisse m'occuper de Sarah. Nos invités se sentent si bien chez nous qu'ils nous disent vouloir rester encore quelques heures. Ils nous demandent de les accompagner pour un tour dans le quartier avant qu'ils ne prennent la route. Leur vaillance et leur soutien nous ont tellement soulagés qu'il nous est impossible de refuser, sans compter qu'ils en seraient offusqués.

Avant de partir pour cette promenade, nous allons voir ce que fait notre fille dans sa chambre. Son attitude est inhabituelle. Elle nous inquiète. Elle est assise en tailleur sur son lit en train d'étudier le plan de la ville de

Bordeaux. Intrigués, nous lui demandons ce qu'elle peut bien chercher sur ce plan. La réponse est immédiate : « Vous voyez pas que je veux crever ?! Et ce putain de pont d'Aquitaine que je trouve pas là-dessus ! »

La phrase que nous redoutions.

Malgré le choc, je lui réponds : « Que tu veuilles crever, ça, nous l'avons compris, mais que tu considères que c'est une solution, nous ne l'acceptons pas, parce que tu es capable de faire mieux. Nous savons que c'est difficile pour toi, que tu as besoin de soutien, et c'est pour ça que nous sommes ici. Et plus encore pour te préserver de toi-même ! Tu butes sur un passé que tu as idéalisé et dont tu ne veux plus te détacher ! Tu dois connaître et affronter ce qui te ronge aujourd'hui, et si notre amour ne suffit plus à combler ce vide, alors tu devras accepter de t'en remettre à des professionnels. C'est une histoire de temps, Sarah, alors n'aie plus honte de toi au point de te foutre en l'air ! Nous n'avons jamais douté de l'amour que tu as pour nous, alors fais-nous confiance une fois de plus et oublie ce que tu cherches, là, sur le plan. Nous n'en voulons pas. Nous ne te laisserons pas dans cet état, alors patiente encore un peu et ne trahis pas notre confiance durant notre absence. Nous serons de retour dans une heure avec tes deux oncles. »

Mais cette confiance dont nous lui parlons n'existe plus vraiment. Nous l'évoquons sans conviction.

L'envol de Sarah

Elle s'étend sur son lit en serrant fort contre elle son petit singe bleu. Nous allons voir Baptiste qui n'a guère besoin d'explication sur ce qui se passe. Nous lui laissons la lourde responsabilité de surveiller sa sœur le temps de notre escapade. De retour dans le salon avec notre famille, mon beau-frère nous demande s'il y a un problème. Je lui réponds que tout va bien.

Nous les accompagnons le temps d'une promenade dans le quartier. Mon mari et moi sommes tendus. Nos regards se croisent. La même inquiétude nous pousse à regarder nos montres en permanence. Nous rentrons à la maison après une heure de balade. Mais deux heures encore se passent avant que mon frère et mon beau-frère ne se décident à partir.

Nous nous sentons éreintés par ce déménagement, mais nous voici enfin seuls avec nos deux enfants dans notre nouvelle maison. J'ai prévu une semaine de congés pour être avec les enfants jusqu'à la fin des vacances de février, tandis que mon mari reprend le travail.

J'avertis Baptiste que demain, à son réveil, il sera seul, car je dois accompagner Sarah chez son médecin du centre médico-psychologique, le centre A. Bien sûr, il comprend ; il mesure l'urgence de ce rendez-vous.

Le matin venu, je découvre encore un nouveau quartier de Bordeaux sur ces boulevards encombrés. C'est la deuxième fois que je rencontre ce médecin, il a un cabinet privé et il aura peut-être du retard. L'attente est toujours trop longue quand on n'arrive même plus à rompre le silence de sa fille.

Ce matin, je suis particulièrement dépourvue de mots, j'en suis à rechercher un sauveur pour ma fille, rien d'autre n'existe. Je reste là, sur ma chaise, encombrée par des questions sans réponses, à mesurer l'extrême gravité de son état.

Une porte s'ouvre en bas. Des pas pressés montent l'escalier, une clef tourne dans la serrure, les pas s'approchent, c'est lui. « Venez, mademoiselle F… ». Il est essoufflé et a l'air fatigué. Seule, je ne fais plus un mouvement. Un autre patient ne tarde pas à entrer dans la salle d'attente. C'est un jeune homme, il doit être étudiant. Mon cœur est aussi lourd que le silence qui règne dans cette pièce. Je ne tarde pas à le rompre en posant une question, peut-être stupide ou juste maladroite, sur ce que le jeune homme pense du médecin. « Vous savez, madame, mes deux premiers rendez-vous, je n'ai rien dit, mais j'ai pensé que je n'avais pas de temps à perdre ici, surtout quand on donne 220 francs en sortant ! » D'abord, sa spontanéité me surprend puis, finalement, sa réponse me convient. Venir ici est un moyen de se vider de sa souffrance et de ses préoccupations. Si Sarah refuse ce combat avec ses démons, difficile et long, je ne vois pas comment les choses pourraient s'arranger. Alors j'essaie de me convaincre de l'efficacité des professionnels.

J'ai tellement besoin de savoir dès aujourd'hui si le psychiatre est capable de cerner la gravité de l'état dans lequel est plongée Sarah. Tout serait tellement plus facile si, comme certaines analyses permettent aussitôt de déterminer les soins nécessaires pour mettre un terme à une maladie, les conclusions de ce médecin permettraient immédiatement de détruire le mal de Sarah. S'il s'agissait de cela, tout serait plus évident, plus simple. La réalité, c'est que nous nous trouvons dans un labyrinthe et que la sortie semble s'éloigner.

« Venez, madame F., s'il vous plaît. » Je le suis jusqu'à son bureau. Sarah est là, tête baissée. Je m'assois près d'elle, tandis que le médecin prend place sur son siège. Il adopte une posture décontractée. Il ne dit rien, laisse le silence s'installer. Il sait forcément que ça me met mal à l'aise. J'ai l'impression d'être entrée dans un tribunal et qu'on attend de moi que je plaide non coupable. Mais je refuse la loi du silence et je prends la parole. Ce doit sans doute être ce qu'il attend de moi.

« Docteur, si j'ai insisté pour obtenir ce rendez-vous, c'est que la situation de Sarah s'aggrave. Depuis sa sortie de l'hôpital, elle affiche un réel dégoût pour la vie et ne se raccroche même plus à nous. Nous nous sentons impuissants. Ses prises excessives de médicaments, ses enfermements dans sa chambre à pleurer ou à écouter des chansons tristes nous rendent fous d'inquiétude. Nous ne supportons plus de la voir si mal. Les pulsions suicidaires se multiplient, nous ne maîtrisons plus la situation. Nous ne pouvons plus la laisser ainsi. »

Il acquiesce. Il me confirme que d'après les informations qu'il possède, l'état psychologique de Sarah est mauvais. À cet instant, le téléphone sonne. Décidément, nous n'arriverons jamais à passer une consultation tranquille sans qu'un téléphone sonne. Je reprends mon souffle, puis je regarde Sarah et sa mine défaite, son expression désabusée. Le médecin raccroche et me demande : « Êtes-vous au courant d'un certain texte que Sarah aurait écrit ? » Je n'y comprends rien, et, avant que j'aie pu ouvrir la bouche, il ajoute : « C'est votre mari que je viens d'avoir au téléphone. Votre fils aurait découvert une lettre récente de Sarah. » Je ne suis pas au courant, mais je comprends que Baptiste a dû trouver ce mot ce matin et qu'il vient d'appeler son père au travail. Je comprends surtout que Baptiste vit aussi mal que nous la situation de sa sœur, au point d'aller fouiller l'intimité de sa chambre pour la préserver de tout danger. Je trouve son attitude courageuse. Il continue à se soucier de sa sœur malgré les troubles dont elle est à l'origine et qui bousculent ses quinze ans à lui.

Le médecin n'insiste pas trop sur le contenu de ce mot. Voilà un argument de plus qui justifie notre présence dans son cabinet. Faut-il en rajouter ? Va-t-il comprendre que j'attends une nouvelle et immédiate prise en charge de Sarah par le centre A. ? Heureusement, il l'entend ainsi et me fait savoir qu'une nouvelle hospitalisation est bien nécessaire. Mais l'unité étant saturée de patients, nous devrons attendre qu'une place se libère. Dans l'intervalle, il faut qu'elle continue le travail hebdomadaire entamé avec l'autre psychiatre.

À la sortie du cabinet, je me sens désarmée. Un sentiment d'abandon m'envahit. Je me sens plus seule que jamais. Au moment de monter dans la voiture, vidée de toute énergie, je me sens perdue, ne sachant ni comment ni quoi faire. Je ne trouve plus le souffle de prononcer un mot à l'intention de ma fille. Je ne parviens plus à cacher mon visage défait. Je démarre. Des larmes trahissent mes sanglots intérieurs.

J'entends l'amour de ma vie, à mes côtés, me dire : « Regarde, maman, dans quel état je te mets. Je ne mérite pas de vivre quand je te fais ça. Je ne te donne que des soucis. » Spontanément, je lui réponds : « Mais non, ma chérie, il ne s'agit pas de cela, je craque parce que je suis fatiguée, mais je ne t'en veux pas. Je sais que tes actes ne sont pas contre nous, je sais que tu ne nous veux pas de mal. Je te sens emprisonnée dans ton mal de vivre. Voir que tu ne t'aimes plus m'est insupportable. Je t'aime tant… Tu nous as donné tant de bonheur, alors aujourd'hui ne parlons pas de reproches. Ce n'est qu'une question de temps. Tu vas te soigner. Oui, tu vas te rétablir. »

Sur la route, nous nous arrêtons pour faire quelques courses. Sarah poste une lettre qui doit être destinée à son petit ami. En rentrant à la maison, elle reproche à son frère de s'être introduit dans sa chambre pour fouiller dans ses affaires et lire ses écrits. Baptiste est sur la défensive, il panique, ils se disputent. Je vois bien qu'il est contrarié. J'attends le retour au calme pour le rassurer puis le remercier. J'apprécie qu'il protège sa sœur.

Le soir même, nos enfants se sont réconciliés, ils passent du temps ensemble. Je ne peux pas m'empêcher d'aller chercher d'autres écrits de Sarah dans sa chambre. Je n'en trouve pas. Elle a dû les faire disparaître. Vers 23 heures, nous les entendons jouer aux cartes dans la chambre. Nous sommes même obligés d'intervenir plusieurs fois pour qu'ils baissent d'un ton et nous permettent enfin de dormir. Avant que le sommeil ne m'emporte, je me reproche d'avoir arrêté un de ces moments de vie qui ressemble à ceux d'un passé heureux…

9

Le lendemain, nous veillons à chaque instant sur Sarah, son attitude, les moments où elle s'isole dans sa chambre. Vers 16 heures, elle vient nous demander l'autorisation d'aller faire un tour de mobylette. Elle l'a souvent fait ces derniers mois, elle disait avoir besoin de s'évader un peu, que ça lui faisait du bien.

Cette idée ne m'a jamais rassurée à cause des risques d'accident, mais aujourd'hui, ce sont ses envies de suicide qui m'inquiètent. Son père finit toujours par lui accorder ce tour de mobylette après avoir obtenu la promesse qu'elle respecterait ses engagements. Après chaque tour, elle nous revient ragaillardie et heureuse.

Cette fois-ci, pourtant, je m'y oppose catégoriquement. La voyant malheureuse, mon mari me rappelle que nous lui avons toujours fait confiance et qu'à chaque fois elle a su respecter ce que nous avions demandé. Je pars alors rediscuter avec elle. Je lui donne finalement l'autorisation d'y aller en la mettant en garde

L'envol de Sarah

contre une éventuelle trahison et en lui demandant de revenir dans un délai d'une heure. Je lui rappelle aussi la lettre qu'elle a écrite, il y a quelques jours, ces mots qui nous ont marqués. À sa manière, discrètement, Baptiste s'implique, il est aussi vigilant que protecteur avec sa sœur. Une solidarité s'installe entre nous trois. Nous ne voulons pas emprisonner Sarah ni perdre la confiance que nous avons en elle.

Je me suis laissé guider par les paroles de mon mari, mais cette fois je reste sceptique. Je me mets à tourner en rond, alors que Sarah se prépare dans sa chambre. J'ouvre doucement sa porte. Elle a le dos tourné face à son armoire. Elle enfile des chaussettes en laine qui lui montent en haut des cuisses. Je la surprends, elle est vexée d'être aperçue en tenue légère. Elle se montre agressive en saisissant des pulls chauds. Mes yeux rivés sur les siens, je la mets en garde : « Attention, Sarah ! Ne fais pas n'importe quoi ! »

Je referme la porte en sortant et me dirige vers la chambre de Baptiste pour lui demander son avis. Je ne veux pas lui cacher quoi que ce soit. Nous vivons de toute façon ensemble et chaque jour les turbulences de sa sœur. Sa réaction me plonge un peu plus dans l'effroi : « Tu sais, maman, si ce n'est pas aujourd'hui, ce sera un autre jour. » Il est donc convaincu que Sarah va se tuer ?

Je vais dans le garage où Sarah est en compagnie de son père. Il lui fait encore maintes recommandations.

Elle est prête à partir en mobylette. Il est 16 heures et à 16 h 45 elle doit être revenue.

Vers 16 h 15, l'ancien propriétaire de la maison vient nous rendre visite. Nous lui proposons de prendre un verre. Le temps passe. Il est 16 h 45, puis 17 heures, et Sarah n'est toujours pas là. Mon mari regarde de plus en plus l'horloge. Lui comme moi avons du mal à tenir une conversation avec notre invité. Nos regards inquiets se croisent sans cesse. Mon mari ne tient plus en place, tandis que notre hôte accepte un deuxième verre, peu décidé à partir. Je m'efforce de poursuivre la conversation tout en lorgnant sur les aiguilles de la pendule qui avancent. Que pourrait-il bien me répondre si je lui faisais part à cet instant de nos tourments ? À coup sûr, ce serait : « Vous êtes fous de l'avoir laissé partir ! »

Il est 17 h 30 lorsque notre invité s'en va. Déjà quarante-cinq minutes de retard ! Tourner en rond ne sert à rien, alors nous décidons d'aller voir dehors. Baptiste préfère rester à la maison au cas où elle rentrerait. Nous marchons autour du lac voisin, nous parlons pour distraire notre inquiétude. Nous imaginons toutes les possibilités, de la plus bénigne à la plus extrême. Et le temps passe et la nuit tombe…

Trente minutes ont passé. Nous espérons tant retrouver notre Sarah au retour. Mais elle n'est pas à la maison. Son frère nous attend, bouillant d'impatience. Il nous dit : « J'ai reçu un coup de fil pour vous, mais la personne n'a rien voulu me dire, il faut que vous rappeliez ce numéro ! »

L'envol de Sarah

Pas de doute, ça concerne Sarah. L'angoisse nous fait trembler en composant le numéro. C'est le poste de police de Bordeaux qui nous répond. D'emblée, une voix d'homme nous rassure et nous explique que notre fille n'est pas en danger. Mais il faudra venir la récupérer au poste à 20 h 30. Il n'est que 18 h 30. Nous mentirait-il à propos de Sarah ? En a-t-il le droit ? Finalement, il me rassure et m'indique que Sarah est avec eux et qu'ils discutent.

Après avoir raccroché, nous sommes convaincus qu'elle a fait une nouvelle tentative de suicide. C'est la seule explication. Ce soir, Sarah a trahi notre confiance. Mais elle est en vie, et c'est le principal à l'instant présent. J'appelle immédiatement le psychiatre du centre A., celui qu'elle a rencontré hier, pour l'informer :

« Docteur, je suis convaincue qu'elle nous a menti pour se rendre au pont d'Aquitaine.

– Ne pensez-vous pas qu'il peut s'agir d'une fugue ? Peut-être a-t-elle perdu la notion du temps… ou encore elle a volé quelque chose et s'est fait prendre par la police…

– Non ! Pas Sarah ! Je la connais, si elle avait besoin de quoi que ce soit, elle nous l'aurait demandé… Dites-moi seulement ce que nous devons faire si nous avons raison. Sarah nous ment pour aller mourir. Nous ne pouvons plus la garder dans de telles conditions. Pourquoi croyez-vous que je sois venue vous voir si vite, avec elle ? »

Il comprend que je dis peut-être la vérité et me conseille de la conduire aux urgences de l'hôpital psychiatrique de Bordeaux.

Baptiste nous accompagne au poste de police. Pour s'y rendre, nous cherchons le plan de la ville… en vain. Sarah a dû l'emprunter. Je n'ai jamais eu l'occasion de rentrer dans un commissariat. J'en ai seulement vu dans des films télévisés. J'avoue que celui-ci ressemble à l'idée que je m'en étais faite ; j'ai le sentiment d'être au cœur d'un feuilleton tragique. J'ai un trac fou en rentrant dans ce grand hall aux peintures vieillies. L'officier de police, une femme, est débordée entre les vols de voiture, les agressions, etc. Et puis il y a nous. Nous qui attendons notre tour, le cœur comprimé au point de ne plus rien dire.

« C'est pour quoi ? nous demande-t-elle.
– Nous venons récupérer notre fille.
– Ah !
– Nous avons rendez-vous avec l'officier de quart.
– Je l'appelle. »

Mon cœur se serre de plus en plus. Je regarde mon mari puis mon fils. L'officier de police arrive et nous accueille très poliment. Il nous demande de le suivre dans son bureau situé au fond du couloir à gauche. À mi-chemin, il demande à notre fils s'il veut bien tenir compagnie à sa sœur le temps de l'entretien. J'aperçois

L'envol de Sarah

Sarah assise dans une petite salle. Je suis si rassurée de la voir. La pâleur de son visage me fend l'âme. Je me demande si elle l'a fait ou non. Nos yeux se croisent ; on y lit la douleur de la confiance écorchée.

Tout se passe si vite que je n'ai pas le temps de réaliser qu'une porte s'est refermée derrière nous. J'entends seulement : « C'est une tentative de suicide interrompue par l'intervention de la police. Elle était sur le pont d'Aquitaine. Ils sont nombreux à faire ça là-bas ; l'une de nos caméras de surveillance nous a permis de voir que votre fille s'apprêtait à se suicider. Heureusement, elle a pris son temps, ce qui a permis à la police de la route d'intervenir à temps. En réalité, ce qui nous a mis la puce à l'oreille, c'est qu'elle était visiblement en train d'écrire une lettre. Elle vous était destinée, mais je ne peux pas vous la remettre : elle me l'a fait promettre et je lui ai donné ma parole. Vous comprendrez, je l'espère. »

Je lui demande malgré tout s'il est possible de la lire puisqu'elle nous était destinée, et de la lui remettre ensuite. Il finit par accepter. Des mots toujours emplis d'une immense souffrance. Encore cette comparaison avec les autres. Sa honte face à la douleur. Elle parle d'une vie insupportable, de tourments, du chagrin d'avoir quitté sa Bretagne chérie. Ce réconfort qu'elle ne trouve plus dans la vie. La cruauté des rapports humains. Et toujours cet amour incontournable pour nous trois. « Vous ne pouvez pas comprendre... Excusez-moi, excusez-moi... », écrit-elle.

Je rends cette lettre à regret, terrassée une fois de plus par la puissance des mots et la souffrance des maux. J'ai le sentiment de remettre dans les mains d'un inconnu une partie de mon être, tandis que la vie grignote petit à petit l'âme de Sarah. Comme si déjà je me raccrochais à ce qu'elle voulait bien me laisser avant de partir – un morceau de papier. Comme si chaque instant vécu n'était voué qu'à devenir un souvenir pour l'avenir.

Je lui rends ce papier. La colère m'envahit, mais on ne reprend pas une parole donnée. Pourtant, Sarah, ce soir, a failli à la sienne. J'en viens à comparer nos souffrances, la sienne, la nôtre. Tout est si confus, si insensé que j'en remets en cause notre rôle de parents ; nous décidons, malgré elle, de lui trouver à nouveau un lieu sûr qui la préservera de sa propre violence, de son refus face à la vie.

Lorsque nous ouvrons la porte pour retrouver nos enfants assis dans le couloir, j'aperçois une image rassurante. J'admire mon fils et ses quinze ans, là, à côté de sa sœur, comme accroché aux maillons d'une chaîne fragile. Pas un mot de reproche ne nous vient à la conscience, mais nous ne parvenons pas à dire autre chose.

Son frère sait qu'elle ne rentrera pas avec nous ce soir à la maison. Il veut se rendre utile. Il nous propose de repartir avec la mobylette pour éviter que celle-ci reste au commissariat. Mais il est 22 heures et ça ne nous semble pas raisonnable. Il insiste, il tient à nous décharger d'un souci supplémentaire, aussi petit soit-il. Nous finissons par accepter. Nous ne savons plus très bien faire la différence entre le danger et la peur.

Épargner à Baptiste d'accompagner sa sœur aux urgences de l'hôpital n'est pas une mauvaise solution. Il part avec son père récupérer la mobylette, tandis que je prends la main et le bras de ma fille pour emprunter la porte de sortie de l'hôtel de police. Il faut que je lui parle.

« Sarah, ne prends pas ça comme une punition, mais tu ne rentreras pas avec nous ce soir. Avant même de tout apprendre ici, nous avions compris ce que tu cherchais à faire. J'ai téléphoné à ton médecin et il nous a prévenus qu'il était préférable de te mettre en sécurité dans un hôpital psychiatrique.

— Chez les fous, maman ?

— Non, ce ne sont pas des fous. Mais le centre A. ne peut pas encore t'accueillir. Tu auras affaire à d'autres gens qui seront différents de ceux que tu connais au centre, mais peut-être pourras-tu discuter avec eux plus simplement puisque les jeunes de ton âge ne t'intéressent pas. Ce sera à toi d'en juger et, si tu le veux, tu m'en reparleras plus tard. »

Elle ne me répond rien. La conversation s'arrête ici. Je me rends compte que ma fille est pâle, que ses cheveux sont défaits ; son jean, ses grosses chaussures et son grand pull marron lui donnent un peu l'air d'une vagabonde.

Nous arrivons à la voiture. Mon fils et mon mari nous y rejoignent avec la mobylette. Après quelques dernières recommandations à Baptiste, nous lui indiquons le chemin pour rejoindre la maison. Il nous assure être capable de rentrer. Nous l'embrassons en lui promettant un coup de téléphone dès notre arrivée à l'hôpital.

Je fais monter Sarah à l'arrière de la voiture. D'un geste discret, je bloque les portes arrière. Nous avons du mal à nous repérer dans cette ville sans plan. Sarah comprend vite cette allusion et ne tarde pas à sortir le plan de son sac pour nous le remettre. Il n'en restera que des échanges de regards.

La chaleur familiale reprend très vite sa place. Comme si nous allions partir pour un long voyage ou comme si rien ne s'était passé. Il ne semble y avoir ni rancœur ni amertume. Sarah est bien là avec nous, ragaillardie ; et soulagée, dirait-on, après cette tentative qui aurait pu être irrémédiable. Elle nous en parle comme d'une aventure. Elle nous la raconte comme un fait divers. Et elle ne se rend pas compte du mal qu'elle nous fait lorsqu'elle déclare : « La prochaine fois, je ne prendrai pas mon temps ! » Elle ajoute : « Au pont d'Aquitaine, lorsque je relisais la lettre qui vous était destinée, j'ai appuyé d'un dernier coup de crayon ce qui me paraissait le plus essentiel avant de mourir. » Elle nous parle de sa dernière cigarette comme de celle d'un condamné…

L'envol de Sarah

Ses mots s'enfoncent en moi comme une épée me propulsant dans un monde que je ne reconnais plus. Un monde dans lequel nous devons confier l'être aimé à d'autres mains, celles des professionnels, comme on les appelle. Et toujours dans les paroles de Sarah, cet élan de tendresse pour les autres et aucune pitié pour elle-même. Elle insiste sur la bienveillance et la gentillesse des policiers qui lui ont fait visiter le poste de police. Elle raconte les écrans reliés aux caméras de surveillance du Pont. « C'est comme ça qu'ils m'ont vue. Je ne voulais pas leur remettre ma lettre. Ils ont insisté, alors je leur ai fait promettre de ne pas vous la donner. »

Puis elle poursuit : « J'ai bien fait attention à la mobylette, maman ! » Je n'en crois pas mes oreilles. Je lui réponds : « La mobylette ! Mais crois-tu que nous y avons pensé ? Une mobylette, ça se remplace ! Mais toi, personne ne te remplacera ! » Toutes ces paroles n'ont plus de sens et je comprends à cet instant qu'elle est désormais loin de notre monde, déconnectée, avec cette obsession pour la mort, cette détermination qui la pousse à nous mentir. Elle nous trompe et louvoie pour atteindre son but comme l'oiseau qui tourne autour de sa proie. Se supprimer n'est plus grave pour elle. C'est inacceptable pour nous. Mais elle ne le comprend plus.

Nous arrivons à l'hôpital. La barrière se lève. Nous garons la voiture au parking en plein air. Dans le fond de cette grande enceinte, de vieux bâtiments arrêtent mon regard. Sarah ne s'y trompe pas et ne tarde pas à dire : « Maman, tu ne trouves pas qu'on dirait le Paraclet ? » C'est son précédent lycée breton, et c'est ce que j'étais précisément en train de penser. Je vois son visage s'illuminer devant ces murs qui lui évoquent une fois de plus des souvenirs heureux.

Je prends son sac dans le coffre puis sa main dans la mienne. Nous nous dirigeons vers l'entrée principale. Je regarde mon mari. J'ai l'estomac noué. Mon pas est pesant. Je ne vois plus d'horizon se dessiner.

Je ne sais quel réquisitoire nous attend encore. Ces mots techniques qui se ressemblent tous sont à vomir. Les questions sont toutes les mêmes, seuls les acteurs qui les énoncent changent. J'ai comme l'impression de n'être plus moi-même, d'être habitée par un personnage qui me fait perdre mon identité.

Mon mari prend Sarah près de lui, tandis que je m'avance jusqu'au bureau des urgences pour expliquer en quelques mots l'objet de notre présence. L'interne psychiatre ne tarde pas à arriver. Il est accompagné d'une étudiante. Voilà, une nouvelle scène s'annonce avec de nouveaux protagonistes. Je ne sais même plus qui tient le rôle principal, si c'est nous ou notre fille.

À cette heure avancée, Sarah n'est guère disposée à éclaircir les raisons qui l'animent vers la mort. Nous ne pouvons plus qu'essayer de formuler à sa place d'où pourrait venir son immense souffrance. Une histoire de déménagement qui aurait dû être simple, très simple, et qui finalement est compliquée, si compliquée. Nous nous accrochons à cette idée du déménagement, comme si nous demandions au destin de ne plus nous trimbaler, de nous ménager.

Nous nous retirons, mon mari et moi, dans une grande salle d'attente pour laisser Sarah s'entretenir seule avec le médecin. Il est 23 heures. Nous appelons notre fils pour savoir s'il est arrivé à la maison ; soulagement, il est bien là. Nous lui expliquons que nous rentrerons dans peu de temps.

L'entretien de Sarah se termine. Il est tard, mais le poids de la fatigue n'atténue pas la tristesse de devoir une nouvelle fois nous séparer d'elle. De toute évidence, nous sommes dépassés par les événements et notre souffrance est lourde sur le chemin de la maison.

C'est un mur qui s'élève devant chacun d'entre nous. Ce soir, la situation n'a jamais été aussi grave, notre Sarah a été sauvée, mais *in extremis*. Son acte aurait pu être irréparable et nous avons perdu confiance en elle. Nos vies étaient synonymes de dialogue. Une parole donnée n'était plus reprise. Ce soir, la donne est changée. Notre regard sur elle ne devra plus être le même. Tout à l'heure, dans la voiture, elle nous déclarait que quelqu'un qui veut en finir ne doit pas l'annoncer à ses proches, de crainte qu'on l'en empêche. Alors il n'est plus question de confiance. Sarah est refermée sur elle-même, de plus en plus étrangère, coupée du monde extérieur et rongée de l'intérieur.

Ma fille nous met face à l'éternelle question de notre existence sur Terre. Comment la vie vaut-elle la peine d'être vécue ? Chaque individu s'est posé cette question à un moment de sa vie.

Je tente de réfléchir, mais mes raisonnements deviennent déraisonnables et irraisonnés. Je me sens perdue, embarquée dans un quotidien toujours plus difficile à gérer. Le tourbillon de la vie de chaque jour devient trop compliqué ; je ne parviens plus à concilier mon travail avec les visites à l'hôpital et les mensonges aux autres. J'ai perdu toute insouciance pour ne baigner que dans une torpeur sans fin. Je n'ai plus rien ni personne à qui me confier dans cette nouvelle région. Je crois même que si j'avais la possibilité de le faire, je n'y parviendrais pas. Ce qui aurait dû être nouveau et beau, un nouveau lieu de vie, n'est qu'un cauchemar.

10

Sarah a désormais quitté le bâtiment des urgences pour rejoindre le vieux bâtiment de l'unité psychiatrique. Je m'inquiète de sa différence d'âge avec les autres patients, qui risquent d'abîmer sa belle jeunesse. Elle a l'allure d'un petit animal enfermé dans cette chambre grise et lugubre aux volets fermés. Elle est là, allongée sur son lit, sa petite radio rouge collée contre son oreille à écouter de la musique classique, que je n'ai jamais entendue dans sa chambre. J'ai envie de pleurer.

Il fait si beau dehors, comme si le printemps du Sud annonçait de belles choses. C'est le seul petit espoir qui m'atteint. Je sors de mon sac les quelques objets et vêtements qui pourraient lui faire plaisir. À chaque chose déposée çà et là sur son lit, elle murmure un vague « Merci, maman », et seule sa beauté est plus qu'une politesse. C'est poignant pour sa maman ! Je sors quelques instants me soulager du trop-plein que j'ai sur le cœur. Je me réfugie dans la salle commune au milieu d'autres visages tourmentés. Aujourd'hui, Sarah ne quittera pas sa chambre.

Mais un autre jour, en compagnie de mon mari, elle accepte d'en sortir pour nous annoncer qu'elle se plaît mieux dans le monde hospitalier des adultes. « Eux, au moins, ont quelque chose à raconter. Ils me parlent de leur vie, c'est plus riche que les jeunes qui me racontaient leur tentative de suicide, ou leurs petits flirts. Ici, on parle de religion et d'autres choses et… on vous respecte. »

Les séjournants nous semblent bien plus tourmentés et affectés physiquement que notre fille. Bon nombre d'entre eux lui demandent d'ailleurs ce qu'elle peut bien faire ici. Nous souhaiterions un lieu plus serein, mais Sarah rejette les jeunes de son âge. Les adultes lui conviennent mieux ; elle dit se sentir plus en confiance avec eux. Elle a pris beaucoup d'importance au milieu du groupe. Elle attire les autres comme si elle leur procurait un certain apaisement. Nous craignons qu'elle s'imprègne de la souffrance des autres au point de s'oublier un peu plus elle-même.

À sa demande, nous lui apportons des feuilles de papier pour qu'elle puisse écrire, ainsi que des cassettes de Brassens et de Moustaki. Je suis séduite à l'idée de voir que ses nouvelles conquêtes musicales ressemblent aux miennes quand j'avais son âge. Mais je songe à l'influence déprimante que ces artistes ont eue sur moi. La souffrance de ma fille me renvoie l'image de ma propre souffrance à l'adolescence. Je m'en sortais en écrivant. J'étais sans cesse à la recherche de la force des mots. C'était le refuge d'une écorchée vive, où l'autodévalorisation d'un jour devenait renaissance le jour suivant. On est souvent malheureux à force de rêver à une autre vie. Il faudrait lutter contre soi-même pour faire taire ce double qui nous regarde et nous juge. Le réel ne se construit-il pas à partir de l'imaginaire ? On rêve à l'amour sublime, à un monde parfait. Mais la vraie vie n'est pas cette irréalité, même si rêver nous aide à trouver notre équilibre. Parfois j'ai l'impression que c'est ce que crie Sarah, la volonté que la vie soit un rêve. Et si elle n'avait pas tort ? Le quotidien que nous avons laissé à nos enfants, à l'aube du XXIe siècle, est parfois si morose... Ne sommes-nous pas tous coupables, nous adultes, de nous contenter de ce monde si peu enchanté, si hypocrite, si féroce ?

Lettre du 21 février 1997 :

Aujourd'hui vendredi 21, je me sens bien ici. Je suis dans mon lit, il est 13 heures et j'ai envie d'écrire, cela me fait du bien.

Ici, c'est une ambiance qui me plaît. Il y a plein de gens intéressants, réfléchis, intelligents, ouverts...

L'envol de Sarah

On peut échanger ses idées sur divers sujets, que ce soit sur la société, la religion, etc.

Je crois que cela m'est très bénéfique d'être avec des adultes, et non avec des jeunes de mon âge qui sont pour la plupart immatures à mon goût. Je sais qu'il faut être tolérant, mais l'immaturité, la connerie, l'hypocrisie, etc., ces gens m'insupportent. J'en souffre tellement et j'en ai déjà souffert. À mon avis, cela fait partie de ma dépression, ne pas se sentir bien, se sentir différente des autres, cela fait venir en moi des sentiments de culpabilité atroces. C'est pourquoi, quand je rencontre des gens qui ont les pieds sur terre, naturels, etc., cela me fait un peu revivre. Remarque, je me suis pris tellement de claques, de déceptions... que j'en deviens méfiante, et j'ai tendance à mettre tout le monde dans le même sac. De ce fait, dans ces moments, je me sens terriblement seule et si désespérée. Il est vrai aussi que, quand je regarde le monde actuel, ses évolutions, on se demande où l'on va. Les gens deviennent égoïstes, et en plus les escrocs, les délinquants remplissent les rues. Le chômage, etc. J'aimerais tellement revenir dans ma petite presqu'île adorée, loin de tout ça, retrouver ma personne et toutes les autres choses que j'ai laissées derrière moi. Ne pas avoir connu cette déchirure et toute la souffrance par laquelle je suis passée.

Maintenant, depuis le déménagement, plus ça va, plus tout fond en moi – car rien ne m'intéresse – et plus l'envie de mourir s'accroît.

J'ai tellement l'impression de n'être plus rien, je me déteste. En plus de cela vient s'ajouter le sentiment de honte qui me poursuit sans arrêt. Honte d'être comme ça, alors qu'il y a des gens qui ont vraiment des raisons d'être malheureux ou qui vont mourir à cause de leur santé alors qu'ils ne demandent qu'à vivre. On aura beau dire, la vie est parfois si injuste, mais ainsi faite.

Je n'arrive même plus à verser une larme, à crier, taper sur les murs, ça m'énerve, je me hais. Au lieu de ça, je reste passive, étendue sur mon lit à penser à la mort. C'est peut-être pour cela que je suis si calme, car je suis persuadée qu'il n'y a que la mort dans mon cas et que je ne suis pas pressée pour m'offrir la mort. Je veux quelque chose de réfléchi, un dernier projet où je puisse choisir ma mort et qu'elle soit sûre.

Je crois que je suis arrivée trop loin dans ma dépression. Seule la mort m'attire et m'appelle.

La seule chose qui m'embête dans tout ça, c'est de laisser mes parents et mon frère que j'aime. Je ne veux pas les faire souffrir, mais j'aimerais tellement qu'ils comprennent que je ne peux pas rester dans ce monde pour trois personnes et qu'ils acceptent mon choix parce que moi je n'en peux plus, je ne me supporte plus.

Cet hôpital n'est qu'une solution d'attente et un lieu de protection avant qu'une place se libère au centre A., plus adapté aux jeunes. Sarah affirme vouloir rester là, mais la décision nous appartient. Nous devons la guider et l'amener à faire un vrai travail sur elle-même.

Je n'ignore pas que la majeure partie des jeunes de sa génération l'agace. Elle refuse de dialoguer avec eux. Elle les trouve immatures, superficiels. Leurs extravagances et leur volonté de se faire remarquer la fatiguent. Ils manquent de profondeur, dit-elle souvent. Les jeunes ne lui apportent rien. Elle n'a pas confiance en eux, comme quelqu'un qui a été trahi par un mensonge, quelqu'un qui ne veut plus être blessé. Elle a pourtant le choix de les brusquer, de les contrer, de discuter tout simplement. Elle en a été capable. Mais elle semble aujourd'hui désirer quelque chose de plus solide, de plus ancré, des personnes plus matures, qui auraient une expérience plus importante que la sienne.

Pendant ce temps, mon père est sur son lit d'hôpital. Ma mère croit les fausses raisons que je lui donne pour justifier mon absence auprès d'eux. « Tu dois bien être assez fatiguée avec tous ces déménagements. Tu sais, cela ne changera pas grand-chose de te précipiter auprès de ton père », me dit-elle. Si elle savait…

Pourtant, je ne peux pas attendre plus longtemps. C'est le moment ou jamais pour aller rendre visite à mon père. Sarah est à l'abri et je ressens le besoin d'aller le voir, sentant que sa dernière minute approche.

Après en avoir discuté avec mon mari et mon fils, je pars ce dimanche 23 février 1997. J'avertis ma mère. Il me faut moins de trois heures de voiture pour rejoindre l'hôpital où se trouve mon père. Je ne réfléchis pas au chemin que j'emprunte pour rejoindre l'autoroute. Je me retrouve sur le pont d'Aquitaine comme guidée par les événements qui jalonnent ma vie.

Avant de l'emprunter, je ne sais même plus si cette histoire cauchemardesque m'appartient. Je suis comme abrutie par la fatigue. J'allume la radio pour ne plus y penser. Je tombe sur une chanson de Cabrel, une de celles qu'écoute tant Sarah ces derniers temps :

Ami cherche un autre ami perdu, dans l'immensité des nues, visages et corps inconnus, rêveur cherche à retrouver son ciel, du fond de la nuit appelle son étoile maternelle. Il y a vingt ans, un orage l'a fait tomber de mon nuage, et m'a laissé seul dans ce monde abandonné...

La route est longue. J'ai une impression étrange, comme si une loi supérieure m'annonçait une fin tragique.

Je me gare sur le parking de l'hôpital. Il est midi et c'est le moment idéal pour me retrouver seule avec mon père. Après les dernières nouvelles, je ne me fais guère d'illusions sur la précarité de son état de santé. Je frappe doucement à sa porte. J'entre sans que personne ne me réponde. Je trouve un homme endormi, las et souffrant. Une perfusion au bras, il dort profondément. Je le regarde en faisant le tour de la pièce. Le temps de me familiariser avec la chambre, et je m'assois près de lui. Je lui prends la main.

« Papa, bonjour papa. » Il ouvre péniblement les yeux. « C'est ta fille, Agnès, je suis venue te voir. » « Ah, c'est toi », me répondit-il faiblement de sa voix écorchée. Un petit sourire en biais me laisse entendre qu'il est heureux de ma venue. J'essaie de le faire parler, en vain. Je voudrais prolonger ce moment privilégié. Les silences parlent souvent plus que les mots. Il parvient quand même à me dire, comme par nécessité : « Je suis foutu ! » Je ne veux pas le contredire, sa parole ne fait que traduire une évidence. Qui n'a jamais entendu, dans ce genre de moments, d'inutiles « Mais non, mais non, il ne faut pas dire ça ». Je connais tant son côté tonique, sa vie si remplie, ses pieds de nez à la mort, son goût pour la ridiculiser, la peur qu'il en a. Cette fois, c'est elle qui le met au pied du mur et son ton est sans équivoque quand il dit qu'il est « foutu ».

Je profite de ces longs moments de silence ou de son sommeil intermittent pour me repasser le film de sa vie. Je te revois en homme fort, courageux, papa. Le travail ne te faisait pas peur. Tu es un excessif et tu ne ménages pas les autres. Excès de folie, de nervosité et de générosité aussi. En tout et pour tout, tu es un enfant, un adolescent aussi. Tu n'as pas grandi. Tu vas parfois jusqu'à jouer avec ta vie, et pour toi, la récréation n'est jamais finie. Tu es un moqueur, un inventeur d'histoires. Tu inventes des mots. Tu trouves ça rigolo. Tu es un rabâcheur, un comédien fini. Regarde comme les enfants se plaisent à ton jeu. Ils sont émerveillés à l'idée de ce que tu vas inventer pour les faire rire. Il faudrait te bâillonner pour t'arrêter. Si on entre dans ton jeu, alors tu es heureux ; mais si on ne te suit pas, tu te mets dans tous tes états. Tu joues les persécutés, car tu es un endiablé : toujours plus fort que les autres, mon Dieu que tu es sourd ! Ton franc-parler, jamais diminué, te met souvent en difficulté. Tu aimes les copains, et quand tu t'installes avec eux, tu ne sais plus repartir. Dans toute ton absurdité, tu es un être cultivé. Ton puits de savoir est sans fin en histoire ou en géographie et tu aimes te confronter aux jeux télévisés. Tu restes mon père unique. Toi seul aimais me border et puis m'embrasser. Ton appétit pour la vie pouvait être épuisant. Rappelle-toi ta façon inimitable et si enfantine de tomber par terre pour faire le mort. Figure-toi que jamais je n'avais imaginé qu'un jour ta comédie s'arrêterait, que tu pourrais me priver de tes plaisanteries.

Je pars doucement faire quelques pas dans le couloir. Je me hasarde à parler avec une infirmière dans une salle. Je lui demande quelques précisions sur l'état de santé de mon père. Elle est fuyante, peu aimable, et me

L'envol de Sarah

dit de prendre rendez-vous avec son médecin si je veux en savoir plus. Une fois de plus, je me sens le dos au mur. Je reprends mes allées et venues dans le couloir avant de rejoindre mon père. Ses yeux sont fermés. Mon cœur s'alourdit en regardant par la fenêtre le paysage extérieur. De chaudes larmes viennent s'évanouir sur mon visage ; mes pensées s'en vont souvent vers ma fille... Si seulement papa connaissait mes tourments ! Personne ne les soupçonne dans ma famille, à part mon frère à qui je me suis confiée par téléphone.

La porte de la chambre s'ouvre doucement. Plusieurs chuchotements se font entendre. Je me retourne et aperçois mes frères, une de mes sœurs accompagnée de son mari et ma mère. Ils sont agréablement surpris de me voir déjà là. Ils ne savent pas que j'y suis depuis deux heures. Leur arrivée m'offre une pause.

Ma mère manifeste sa joie de me voir enfin. Ma sœur, quant à elle, s'exclame : « Tu as l'air fatiguée, tu as vieilli ! » Je détourne le regard, indignée par sa maladresse. Les propos sur l'état de santé de mon père me gênent, car je pense qu'il nous entend. J'écoute d'une oreille distraite les différents bavardages. Mon esprit est ailleurs, mais je garde un œil sur mon père qui semble s'éveiller. C'est lui que je vois et c'est à ma fille que je pense. Leurs deux visages se confondent. Je suis seule.

Une aide-soignante entre dans la chambre pour servir le repas. Elle installe mon père pour le faire manger. Triste tableau d'un homme qui a du mal à avaler une cuillerée, puis deux… Le silence qui s'installe est pesant. Je ne tarde pas à le rompre pour dire : « Je peux continuer à le faire manger, si vous voulez. » Le regard de mon père me sourit, je crois qu'il veut bien. Je lui raconte quelques blagues pour dédramatiser et pour qu'il oublie l'immense effort que lui imposent ces quelques bouchées. Je me sens utile et fière, mais je ne suis plus sûre que mon père apprécie ma démarche. J'ai si peur de le blesser et de l'humilier, mais il est parfois nécessaire d'en venir à inverser les rôles ; nos parents deviennent nos enfants, et l'album de la vie se referme.

Le repas terminé, nous devons le quitter pour le laisser se reposer. Avant de partir chez ma mère, je lui promets de revenir le lendemain avant de reprendre la route pour rejoindre mon mari et mes enfants à la maison.

Je passe une partie de la soirée en compagnie de ma mère. Aujourd'hui, elle porte sa robe du dimanche. Ses épais cheveux blancs n'ont pas changé depuis vingt ans. Son œil est vif, elle ne perd pas un brin de ce qui se passe dans le périmètre de cette grande maison. Tu es petite, maman, et tu en fais des pas pour rien. Lorsque tout va mal pour toi, tu imagines que les autres vont formidablement bien, surtout moi. Tu te dis que tout me sourit, qu'il n'y a pas de problème, que j'ai une bonne situation, mes enfants sont mignons, mon mari est gentil… Ne perçois-tu rien de mes émotions ? Malgré tout, il fait bon être à tes côtés près du feu de la cheminée. Tu aimes parler. Tu me crains un peu, car j'ai su te contrer bien des fois. Mes sept années d'internat au collège et au lycée m'ont fait du bien, loin de vous. Finalement, nous nous entendons bien. Te faire parler de l'ancien temps est un vrai ravissement. Tu en oublies ta fatigue, tu ne penses même plus à aller te coucher. Mais ce soir, la boîte en fer noire remplie de tes vieilles photos ne sortira pas de ton cagibi. Je ne me sens pas bien, je m'en rends compte, c'est un jour différent, car mes pensées sont irrémédiablement tournées vers ma fille et son grand-père.

J'abandonne maman pour terminer, comme promis, la veillée chez ma sœur et sa famille. Submergée, je ne parviens pas à m'impliquer dans les conversations. Ma sœur passe en revue la famille et Sarah arrive vite à l'appel. Dois-je lui mentir une fois de plus comme je l'ai si souvent fait au téléphone ? C'en est trop, ce soir ; je dois me soulager de ce fardeau bien trop lourd. D'un signe discret, j'entraîne ma sœur et l'aînée de mes nièces dans la cuisine. Elles ont compris à mon regard à quel point c'est important. Je leur confie ce que traverse ma fille depuis notre arrivée dans cette nouvelle région. Je me sens soulagée par ces confidences. Je leur demande de garder le secret pour éviter toute discussion familiale à ce sujet.

Il est tard, je rentre dormir chez ma mère. Elle m'attend près de la cheminée. Je m'excuse de ne pas veiller plus longtemps, je suis épuisée.

Le lendemain, je repars voir mon père en début d'après-midi. Mon frère m'accompagne à l'hôpital. Papa semble plus éveillé qu'hier. Je m'approche le plus possible. Je veux profiter au maximum de nos maigres échanges de paroles. C'est peut-être la dernière fois, qui sait ? Il est vite fatigué, je le sens bien. Et il me sera impossible d'avoir une vraie conversation avec lui. De toute façon et de toute ma vie, je n'ai jamais eu de discussion sérieuse avec lui. J'aurais sans doute aimé lui parler de la mort et, pourquoi pas, de sa petite-fille, mais dans le monde rural, et dans notre famille en particulier, on ne parle pas de la mort – on la subit.

Mon pauvre papa ! Tes longs silences m'incitent à croire que ta souffrance t'a volé ta cocasserie et ta fougue. Tu t'es tant moqué de la mort et aujourd'hui tu n'as plus la force de le faire. Pourrais-tu me dire le fond de ta pensée, ce que tu ressens ? Tu sembles si las ! Malheureusement, le temps passe et je suis impatiente de reprendre la route pour rejoindre ma troupe. Je voudrais ne pas te quitter. Je suis si pressée de rejoindre l'autre partie des miens. Je ne peux même pas te dire que ta petite-fille doit quitter un hôpital pour en regagner un autre.

L'envol de Sarah

Un homme de ton âge comprendrait-il qu'il existe une jeunesse si désespérée ? Tu te mettrais dans tous tes états si je t'annonçais que ta petite-fille en fait partie ! Toi, le paysan, qui as manqué de tout. Toi qui as refusé de vivre autrement qu'au rythme de la nature. Si tu as dû céder quelques parcelles pour les brader au nom de la rentabilité, tu ne l'as pas fait sans grogne ni colère ! Je t'ai vu t'indigner tant de fois ! Tu avais tant besoin de voir et de toucher les choses pour les comprendre mieux que tu dois ne rien entendre à cette jeunesse si différente de toi. Toi qui as toujours prôné l'originalité, imagines-tu qu'on normalise les jeunes aujourd'hui au nom de la performance ou de la rentabilité ? Tu mettais en avant l'art de vivre et de penser. Tu étais acteur de ta vie. Méfiant vis-à-vis de cette société de consommation, tu m'as privée parfois de ce que j'aurais tant aimé avoir, mais tu m'as offert ta façon d'être et ces paroles qui me sont si précieuses. Sache qu'ils m'ont aidée et guidée dans l'éducation de mes enfants.

La vie d'aujourd'hui est peut-être plus difficile que celle de nos parents ou de nos grands-parents. Mais quand je vois souffrir ma fille, je me surprends à penser aux enfants qui résistent à toutes ces formes de violence dans ces familles abominables ou aux hommes qui ont subi tous ces sévices dans les camps de concentration. S'ils ont pensé à la mort, se sont-ils suicidés pour autant ? Papa, dis-moi que ça ne nous arrivera pas, qu'elle ne le fera pas, même si nous ne sommes pas des parents exemplaires. Dis-moi s'il existe un Dieu là-bas. Rassure-moi. Dis-moi que j'ai fait ce qu'il fallait jusqu'à présent. Sarah m'échappe. Porterait-elle un si lourd secret que je ne puisse pas le connaître ? Les médecins arriveront-ils à percer cet abcès qui la ronge ? Cessera-t-elle d'idéaliser la mort ? Était-ce un pressentiment quand tu nous as dit : « Quelle idée ! Et cette petite qui était si bien là-bas, dans sa Bretagne ! »

Je ne peux pas rester plus longtemps à ses côtés. Il me faut partir pour ne pas arriver trop tard chez moi. Je m'attarde quelques instants avec mon frère dans le couloir pour lui parler de Sarah. Si être venue voir mon père est un bienfait, ça n'en est pas moins un poids qui s'ajoute aux autres. Après tout, mon frère peut bien porter un peu du poids de mes tourments. Je sais aussi qu'il peut garder le silence et ne rien dire à mes parents.

Je quitte mon père et, malgré mes incessants au revoir, son regard reste figé. Il semble se fermer. « Je reviendrai te voir, papa, je reviendrai… »

Un sale temps pluvieux m'accompagne durant tout le trajet. Le vague à l'âme encombre mon esprit. Je sais que, durant mon absence, mon mari n'aura pas manqué de rendre visite à sa fille. Je sais aussi que demain Sarah va changer d'hôpital. Elle devra rejoindre une nouvelle fois l'unité médico-psychologique pour adolescents. Je ne veux plus la voir dans cet univers psychiatrique

L'envol de Sarah

d'adultes, à endurer sa souffrance et partager celle des autres. J'ai la conviction que, d'une certaine façon, elle apaise le regard des patients. Mais son allure féline attire les hommes. Elle ne pense qu'à donner sans recevoir en échange, elle qui a pourtant tellement à faire avec elle-même...

Ce soir, au volant de ma voiture, je ne fais plus qu'observer. J'attends des éléments nouveaux, favorables, qui pourraient tout changer. Il y a seulement quelques mois, je ne posais pas de questions, la communication était si facile, je la comprenais. Nous avions des échanges si pleins de vie qu'aujourd'hui j'ai du mal à accepter de me heurter à une telle brisure, à des pulsions si morbides. Je ne trouve plus les mots. Je me rends compte que ma parole n'a plus d'incidence sur elle. Pourtant, j'ai si souvent entendu : « Maman, tu as les mots pour le dire ! »

11

Lundi 24 février, Baptiste reprend le chemin de l'école, tandis que nous nous rendons à l'hôpital pour le transfert de Sarah. Ces deux derniers jours ont été si courts et si longs à la fois. Je n'ai pas assez vu mon père et j'ai été privée de ma fille.

J'ai hâte de la voir, mais j'appréhende ce moment… Je sais qu'elle nous attend et qu'elle ne veut pas qu'on la sorte de ces murs. À notre arrivée, elle est attablée dans le salon parmi un petit groupe de patients. Je vois des visages pathétiques rassemblés à l'occasion du départ de Sarah. Elle suscite beaucoup d'attention. Elle va laisser un grand vide derrière elle. Je ne m'étais pas trompée : elle est aussi contente de nous voir que triste de partir. Sarah discute avec ses connaissances, pendant que nous abordons avec le personnel soignant les formalités administratives. La seule conclusion est que Sarah a su s'intégrer dans le groupe, « même si c'était de toute façon une bonne semaine », nous dit une infirmière, comme si nous ne devions pas nous en réjouir.

Sur la route qui nous conduit en direction du nouvel hôpital, Sarah a l'air tendue et parle beaucoup. Un détail m'interpelle : elle sent la transpiration. Ça ne lui arrive jamais, elle a toujours été à l'affût des odeurs corporelles. Mais je ne m'attarde pas sur ce détail, peut-être n'a-t-elle pas eu le temps de prendre de douche avant de partir.

Sa tension se transforme en une sorte d'excitation, ce qui ne l'empêche pas de nous dire que l'idée de se retrouver bientôt avec des jeunes de son âge ne lui plaît définitivement pas.

Nous rentrons dans le parking qui borde l'unité. Elle ajoute : « J'espère que je n'y resterai pas longtemps ! » Ça n'augure rien de bon, selon moi. Je lui réponds, tout en ne sachant pas si j'ai raison : « Ne dis pas cela, ma chérie, cela dépend surtout de toi et de ce que tu veux bien accomplir ici. »

Nous empruntons l'ascenseur, qui nous mène au quatrième étage, où nous sommes reçus dans le bureau d'une infirmière. L'accueil est toujours rassurant. Chaque chose est bien en place et une question ne reste pas sans réponse. Je suis soulagée de savoir que je vais la laisser là. D'un œil discret, je surveille ses réactions. Elle est si nerveuse ! Son manteau marron ne l'a pas quittée, ses bras sont resserrés contre elle ; quand elle les décroise, c'est pour tirer sur ses manches et couvrir ses mains. Je connais trop les attitudes de ma fille pour savoir que ces gestes à répétition ne sont pas bon signe. Son joli nez laisse perler des petites gouttes de transpiration, encore un signe. J'essaie de me faire plus discrète, je scrute le moindre détail et celui que je vois va me perturber jusqu'à la fin de cet entretien : le foulard gris à petites fleurs blanches qui d'ordinaire enveloppe son cou est attaché à l'un de ses poignets. Je le vois apparaître légèrement à chaque mouvement de ses bras. Je dois écouter ce qu'on me dit tout en me concentrant sur ce détail. Mon instinct de mère me conduit à poser ma main dans la sienne. Sarah la retire très vite ; jamais ça ne se serait produit dans le passé. Je croise mes mains sur mes genoux. Sarah a compris qu'elle m'a fait mal, très mal. Je contiens mes larmes dans la mesure du possible. L'infirmière nous propose, à mon mari et à moi, de descendre au bureau des entrées pendant qu'elle montrera sa chambre à Sarah et l'aidera à défaire son sac – certains objets sont interdits.

Nous empruntons l'ascenseur, mais, d'un seul coup, je dis à mon mari que je ne partirai pas d'ici sans savoir. « De quoi parles-tu ? » me demande mon mari, intrigué. C'est à croire qu'un père ne voit rien ou si peu de chose...

Je me sens agacée. Nous allons cependant convenir de divers rendez-vous avec l'assistante sociale et le médecin qui reprendront le dossier de Sarah. En remontant dans l'ascenseur, je suis toujours anxieuse. Nous empruntons le couloir qui mène à sa chambre. Elle y est seule et je n'ai pas le temps de franchir la porte que Sarah se jette dans mes bras. Elle me demande pardon. Lorsque je lui dis de me montrer ses mains, elle dégage ses deux poignets du foulard déchiré pour laisser apparaître une énorme plaie saillante et profonde sur chacun d'eux...

« Depuis quand es-tu dans cet état ?
— Cette nuit.
— À quelle heure t'es-tu fait ça ?
— Minuit.
— Mais comment as-tu fait ?
— Avec un verre.
— Mais où...
— ... je l'ai pris en sortant de table hier soir. »

En tenant ses mains, je ne quitte pas des yeux ses entailles. Je ne sais pas pourquoi, mais je ne peux m'empêcher de faire un rapprochement avec l'image du Christ ; Sarah se débarrassera-t-elle un jour de sa lourde croix ?

« Comment as-tu fait pour que personne ne s'en aperçoive ?
— J'ai tout nettoyé et tout caché dans un plastique que j'ai refermé dans la poubelle. »

Nous sommes consternés devant de telles blessures... Comment a-t-elle pu endurer ce mal toute une nuit et réussir à le dissimuler jusqu'au lendemain midi ? Je n'y vois que son obstination à vouloir souffrir. Peut-on comprendre cela alors que tant de mains lui sont tendues qui veulent la soulager de son fardeau ?

Cela semble si simple à dire. Mais Sarah ne voit pas ces mains tendues. Elle ne voit plus, ne pense plus comme avant. Comment l'aider à trouver son chemin ? Comment manipuler ce diable intérieur, alors qu'elle utilise la douleur physique comme mécanisme d'autodéfense ? Combien d'années doit-elle perdre à ne pas s'aimer ? Comment lui expliquer et faire face aux contradictions auxquelles elle est confrontée ?

Sarah nous promet d'aller voir elle-même l'infirmière, de lui montrer ses blessures pour être soignée immédiatement. Après nous avoir confié son geste, son attitude redevient normale, son beau sourire réapparaît comme une étoile au milieu de la nuit.

Nous devons repartir, car il ne nous est pas permis de rester plus longtemps avec elle. Discrètement, je lance un clin d'œil à mon mari en lui déclarant avoir oublié un papier administratif. Il comprend et reste dans la chambre avec Sarah. Je pars trouver l'infirmière pour lui expliquer la situation. Elle me rassure et me dit qu'elle va tout de suite soigner ma fille : « Partez confiants… Appelez-moi cette après-midi. »

Il nous faut quitter Sarah une nouvelle fois. C'est un déchirement, on ne s'y habitue pas. Surtout lorsque l'on ne voit pas d'amélioration. Cet acharnement contre elle-même nous laisse dans un profond désarroi.

Nous l'embrassons avant de la laisser. Elle ne cesse de nous dire : « C'est promis, c'est promis, je vais aller voir l'infirmière ! » Mais il n'y a plus de promesses qui tiennent. Je ne peux pas m'empêcher de lui dire : « Je ne pense pas seulement à ces blessures, à ce sang, je vois aussi ce que tu n'exprimes pas, les blessures qui ne se voient pas et qui sont sans aucun doute bien plus douloureuses. Celles qui te guident dans cette dérive… Je t'en prie, fais confiance aux soignants. »

Nous devons la revoir dans quarante-huit heures, comme le prévoit le règlement. Nous la laissons là, elle et sa douleur. C'est une nouvelle étape, une nouvelle séparation. Sarah semble étrangère à ce que nous ressentons, presque aveugle à force de se perdre dans sa dépression.

Chaque jour qui passe, je suis comme sur un fil. Une mère funambule rongée de voir sa fille perdre l'équilibre. Sarah saura-t-elle se redresser et avancer de nouveau ? J'appréhende ce vide un peu plus chaque jour. Mes incertitudes et mes désillusions me font perdre pied.

Après notre départ de l'hôpital, Sarah a bien tenu sa promesse et s'est rendue auprès de l'infirmière qui a pansé ses blessures. Huit points de suture ont refermé ses plaies. Encore un geste qu'elle devra tenter d'expliquer à son médecin, mais le fera-t-elle ? Elle souhaite occuper une chambre seule, mais on la lui refuse. Les jeunes acceptent de se faire du mal en secret, mais, paradoxalement, ils avertissent toujours quand un de leurs camarades tente quoi que ce soit.

Agnès Favre

Le médecin a très vite pris l'initiative de changer le traitement de Sarah pour faire face à ses pulsions suicidaires. Tous les jours, vers 15 heures, Sarah est perfusée pendant une heure et demie. Elle est sous Anafranil, un antidépresseur sévère. C'est un traitement rarement employé, mais son psychiatre semble penser que c'est nécessaire. Elle doit aussi prendre un anxiolytique, du Xanax, et un hypnotique, l'Imovane, généralement indiqué dans les cas d'insomnie sévère.

Nous venons la voir tous les jours vers 16 heures, elle est détendue et souriante, malgré cette perfusion et ses deux poignets masqués par des pansements. Naïvement, elle nous dit, presque fière : « L'infirmière m'a dit ce matin que mes plaies cicatrisent très vite, c'est incroyable ! »

12

Notre Sarah semble amoureuse. Son petit ami Gérard est venu lui rendre visite. Une lumière éclaire son visage quand elle nous dit : « Il a compris en voyant mes pansements. Il m'a dit que si je recommençais, il ne viendrait plus me voir. » Pourtant, lui aussi a accompli le même geste qui l'a conduit dans ce même hôpital. Si c'est une parole d'espoir, nous la gardons dans un coin de notre tête avant de repartir chez nous.

« Je ne sais pas si j'y arriverai, mais je ferai tout pour m'en sortir ! » ajoute-t-elle avec le visage de l'amour. Mais si l'amour ne tenait qu'à un fil, à une parole légère ou passagère ? Sarah est-elle assez solide pour supporter un échec amoureux, alors qu'elle n'a pas su se remettre de son amitié perdue quelque part en Bretagne ?

Une question nous vient à l'esprit. Pourquoi ce jeune homme, ancien patient, vient-il lui rendre visite, alors que le règlement ne l'y autorise pas ? Dès le lendemain, il se fait interpeller dans l'escalier par son propre médecin, le docteur Xavier Pommereau, responsable de l'unité et auteur de plusieurs livres. Sarah ne comprend pas et nous devons la calmer. Je lui explique qu'il ne fait rien de mal, bien sûr, mais qu'elle est ici pour être soignée et qu'aucun élément ne doit venir la perturber. Je doute aussi qu'elle soit prête à vivre une histoire d'amour. Je ne veux pas qu'elle prenne cela comme une punition mais plutôt comme une piste de réflexion. Ai-je eu tort ?

Sarah semble sceptique. Nous craignons de lui faire du mal, car finalement nous n'avons aucune solution : la brusquer n'en est pas une, ne rien faire, non plus. Mais nous manquons de temps. Il ne nous est pas possible de lui rendre visite à un autre moment que celui de ce traitement qui la fatigue. Ce n'est pas le moment idéal.

Au fur et à mesure, sa respiration se fait plus douce. Elle est entraînée doucement vers un sommeil paisible. Elle le sait et nous dit : « Excusez-moi, excusez-moi ! » Ses yeux papillonnent et se ferment. Sa beauté et sa politesse enrobées de gentillesse nous touchent. Le personnel médical est aussi conquis. Je dis à mon mari dans l'ascenseur : « Elle est plus belle de jour en jour ! » J'ai même l'impression que sa beauté change.

Quand, tous les après-midi, nous ouvrons doucement la porte pour ne pas la réveiller, nous la trouvons la tête légèrement tournée sur son oreiller blanc, le corps relâché, les bras légèrement écartés le long de son corps ; une certaine tranquillité émane d'elle. Ses cheveux ondulent, ses cils maquillés éclairent ses paupières doucement bleutées. La légèreté d'un printemps précoce qui s'approche a poussé ses habits sombres dans l'armoire pour laisser place à la couleur. Je ne peux m'empêcher de penser à la Belle au bois dormant. Je la contemple comme un tableau. Presque envoûtée, j'y vois le reflet d'un idéalisme morbide mêlé de romantisme – un conte de fées qui se terminera tragiquement. Malgré tout, ce jour-là, nous sommes heureux en rentrant chez nous. Nous reprenons espoir. Nous croyons soudainement que la vie va renaître.

Sarah s'entend bien avec sa compagne de chambre, une jeune fille comme elle les apprécie, sans extravagance ni manigance. Un respect mutuel les lie. La cohabitation est simple. Chacune respecte la tranquillité de l'autre. « Elle rêve de voyages à travers le monde, me dit Sarah, elle n'est pas comme moi qui ne veux qu'une petite vie tranquille dans mes prés avec mes chevaux. » Je comprends bien qu'elle aspire à une vie remplie de chevaux et de grandes étendues, loin des bruits, des turbulences et des agressions de la ville. Mais pourquoi ne pas lutter pour y parvenir ?

Sarah nous apprend malheureusement, deux jours plus tard, que cette jeune fille doit changer d'hôpital pour régler ses problèmes avec la drogue.

L'envol de Sarah

Les jours passent et Sarah semble vouloir s'en sortir. Aujourd'hui, nous avons rendez-vous avec l'assistante sociale. Nous sommes comblés par la disponibilité et la gentillesse de cette femme, comme par l'ensemble de l'équipe. Nous avons appris à nous connaître, à établir une relation de confiance autour de notre objectif commun : la guérison de Sarah.

Cette femme me dit aujourd'hui me trouver bien plus détendue et bien moins fatiguée qu'aux précédents rendez-vous. Ce doit être vrai. L'arrivée du soleil, bien qu'encore timide, nous fait du bien. Nous prenons parfois le temps de nous détendre, nous nous offrons quelques promenades avant de retrouver Sarah. À la fin du rendez-vous, l'assistante sociale nous propose de monter ensemble rendre visite à Sarah. L'espoir renaît.

Nous frappons à sa porte. Elle est seule à présent dans sa chambre. Le soleil éclaire son visage, aussi lumineux que la chaleur printanière qui s'installe en ce début du mois de mars. Elle est heureuse de nous voir. Nous nous asseyons tous les trois sur le rebord de son lit. Sarah semble surprise de voir l'assistante sociale, mais elle apprécie sa présence. Durant cinq minutes, l'assistante partage avec nous le bonheur de voir Sarah en meilleure forme. Après son départ, nous voici tous les trois, ou presque…

Sarah nous annonce alors que son Gérard est caché dans la salle de bains. En l'entendant, son petit ami sort de sa cachette, tout penaud. Nous le mettons à l'aise :

Sarah semble si heureuse qu'il soit là. Nous proposons de sortir pour les laisser en tête à tête. Mal à l'aise, il nous dit préférer repartir par peur d'être vu par le personnel médical. Il embrasse ma fille. Je vois pour la première fois Sarah recevoir un vrai baiser. Elle dégage une telle intensité, son regard est si intense que j'en suis troublée. Son visage respire le bonheur. Gérard s'en va et Sarah engage la conversation sur l'interdiction pour son ami de lui rendre visite dans ces lieux. Nous la calmons avec délicatesse.

Les jours passent et se ressemblent, nous voguons entre notre travail et les visites à l'hôpital. Les visites de 16 heures ne sont pas faciles à cause de la perfusion qui endort ma fille. Elle ne nous dit presque plus rien. Me rendre à mon travail reste une hantise. Je ne pense plus qu'à être auprès de Sarah. C'est devenu, malgré tout, une obsession. C'est difficile aussi pour mon mari. Nous sommes dans l'attente, mais nous ne savons pas exactement de quoi. Je me souviens qu'à son âge j'avais décidé d'affronter le monde. Je m'étais dit qu'il était temps de « monter sur les planches ». Je savais qu'avant d'y arriver le trac allait me ravager, mais je n'avais pas d'autre choix que de calmer mes angoisses et de les surmonter. J'aimerais que Sarah parvienne à se mettre dans la peau d'un autre personnage, différent du sien. Elle pourrait alors mieux se connaître, se dépasser.

L'envol de Sarah

Va-t-elle vraiment mieux ? Je me méfie de ses attitudes, de sa gentillesse. Jamais je n'oublie cette guerre intérieure qui la ronge. Si seulement elle parvenait à prendre conscience de ses qualités. Je ne sais même pas, même plus, si c'est une question d'envie, de vouloir ou de pouvoir : toujours est-il que cette façon qu'elle garde de se dévaloriser reste désarmante.

Aujourd'hui, nous avons rendez-vous avec son médecin. Nous sommes au rez-de-chaussée, dans un couloir avec plusieurs portes closes. Les noms des différents médecins et des assistantes sociales y figurent. Le psychiatre semble détendu et reposé. Il ne porte pas le jean décontracté de son cabinet privé. Il a mis une chemise et un pantalon plus classiques. Son regard est déjà plus clair, comme si une relation de confiance s'installait, comme si nous nous connaissions mieux. Pour une fois, c'est lui qui prend la parole le premier : « Sarah est en régression. Elle est très complaisante. Il va falloir trouver un terrain pour la rencontrer. Sa dépression est sévère et le traitement ne pourra pas être efficace avant quinze jours. Il ne faut pas compter sur une sortie avant trois semaines. »

Aller au travail devient de plus en plus pesant. Sans cesse le visage de ma fille se dessine dans ma tête. Je suis si triste que je ne fais plus qu'assimiler les événements à mesure qu'ils se présentent, je les digère puis me résigne sans comprendre. À force d'y penser, je trouve tout confus.

Je ne suis même pas convaincue que les médecins ne s'y perdent pas eux aussi. Le sien reste sur ses gardes et ne l'autorise plus à descendre seule une demi-heure dans la cour, sauf en notre présence. Il nous rappelle qu'on ne peut plus lui faire confiance depuis qu'elle s'est rendue au pont d'Aquitaine le 18 février. J'aimerais tant l'accompagner pour faire de l'équitation, mais il s'y oppose. Il pense qu'une chute la mettrait dans une nouvelle situation d'échec et nous y renonçons.

Elle a toujours autant de plaisir à écouter les chansons à texte. Elle a même fini par adorer Moustaki. Ses textes ne sont pas très gais, mais peut-être adoucissent-ils son mal. « Tous ses textes sont remplis de vérité », me dit-elle. Certains me semblent pourtant trop morbides. Je pense à celui qui dit :

Le jeune facteur est mort, il n'avait que dix-sept ans. Il est parti dans le ciel bleu comme un oiseau enfin libre et heureux…

Pour avoir si souvent dormi avec ma solitude, je m'en suis fait presque une amie, une douce habitude…

Et si Sarah parvenait à anéantir sa douleur à force de se faire du mal, à l'user en quelque sorte ? Je me souviens qu'à son âge Brassens m'avait aidée à repérer les chemins à suivre, à reconnaître les sentiers à éviter.

L'envol de Sarah

J'ai appris qu'un voyage scolaire, organisé par son ancien lycée de Quimper, était prévu à Bordeaux. La sœur de son amie Julie et quelques anciens professeurs de Sarah en feront partie. Sarah sait qu'ils souhaiteront la rencontrer, puisqu'une visite est prévue à son lycée. Nous sommes début mars et la date approche. Sarah n'aura sûrement pas repris l'école d'ici là et il va falloir prévenir d'une manière ou d'une autre les futurs arrivants de son absence.

Je me décide à lui en parler : « Cela fait bientôt trois mois que nous mentons à la famille, aux amis, aux connaissances proches ou lointaines concernant ton état. Tu le rejettes comme une maladie honteuse par crainte d'être jugé. Ne veux-tu pas compter sur leur intelligence et, si ce n'est pas le cas, t'en moquer ? Tu sais, ce ne sont pas les plus malades qui font la démarche d'aller consulter un psy, mais les plus courageux. »

Quelques jours plus tard, son amie Julie téléphone à la maison. Je lui dis ce qu'il en est de Sarah, ce qui compromet sa présence au lycée lors de la visite. Malgré les courriers qu'elles ont échangé et leurs rencontres récentes en Bretagne, son amie semble surprise de la dimension du mal-être de Sarah. Je ne souhaite pas donner de détails au téléphone. Je ne voudrais pas qu'elle interprète mal quoi que ce soit. Je doute un peu de leur amitié. Si j'étais sûre de la confiance de cette amie, combien de fois lui aurais-je demandé de venir au secours de Sarah !

Au fil des jours, je suis toujours aussi inquiète de savoir ma fille à l'hôpital. Sarah est une jeune fille surprenante et d'une grande force de caractère. Mais si elle semble aller mieux, cela ne m'enlève pas le doute, et je crains que tout bascule d'un moment à l'autre. Ne se raccrocherait-elle pas aujourd'hui un peu trop à ce petit ami qui l'appelle régulièrement et lui rend visite en secret ? Notre Belle au bois dormant rêverait-elle du prince charmant ? Mais est-elle prête à affronter l'adversité ? Une nouvelle blessure affective ne risque-t-elle pas de la faire basculer, une fois de plus, de l'autre côté ?

Je ne suis qu'une observatrice dans un univers médico-psychologique. Je reste discrète, alors que j'aimerais tant que l'on me parle de l'univers mental de ma fille chérie. J'écoute sa « névrose », craignant que « la parole » ne soit même plus thérapeutique. Plus que jamais, je lis et perçois dans ses écrits un être à bout de souffle :

Vous ne pouvez pas comprendre, vous ne pouvez pas comprendre, et pourtant si vous saviez comme je vous aime...

Je trouve aussi un extrait du brouillon d'une lettre adressée à son petit ami :

L'envol de Sarah

Je crois qu'aujourd'hui j'ai la volonté de m'en sortir, de faire le maximum. Je sais maintenant qu'il faut que j'ouvre mes yeux sur la chance que j'ai, ne pas la fuir comme j'en ai l'habitude depuis quelque temps, à croire que j'aime m'enfoncer dans ma connerie. Sincèrement, je crois que j'ai eu un déclic. Crois-moi, ce n'est pas une saute d'humeur. Je vais essayer d'arrêter de penser à la place des autres et de tout interpréter dans le mauvais sens. Enfin, ça c'est pas d'aujourd'hui. Dès que je sortirai du centre A., je ne me prendrai pas la tête comme j'en ai l'habitude. Après tout, ce n'est qu'une année de perdue, mais cela il faut que j'arrive à le supporter. Tout de même, je pense être sur la bonne voie... Sache aussi que s'il me restait des projets suicidaires, je ne t'écrirais pas cette lettre... P.-S. : je te promets que je ferai mon possible pour changer d'état d'esprit, j'ai maintenant la volonté, merci pour tout.

Au recto, elle a pourtant ajouté en haut à droite :

Rien que d'y penser, la vie me dégoûte.

J'ai sans cesse le film de notre vie dans ma tête et toujours les mêmes questions : Qu'est-ce qu'on a raté ? Quelle partie d'elle va nous être enlevée ?

Agnès Favre

Inconsciemment ou consciemment, j'intègre l'idée que je vais perdre un peu de ma Sarah, même si je ne veux pas y croire. La vie ne me laisse pas le choix. Personne ne nous appartient. Pas même notre propre enfant.

13

La semaine prochaine, le 13 mars, nous aurons rendez-vous avec son médecin. Je suis impatiente de l'entendre après ces douze jours que Sarah a passés au centre A. Son traitement sous perfusion prend fin, ce qui la rend libre de tout mouvement l'après-midi.

Le printemps arrive à grands pas. La chaleur du soleil nous tonifie un peu le moral. Lundi prochain, le 10 mars, c'est le voyage scolaire des Bretons à Bordeaux. La différence de température entre le Finistère et le Sud-Ouest est évidente. Je découvre des arbres oubliés ou parfois méconnus. Celui-là me marque particulièrement : c'est un énorme et magnifique magnolia, planté dans la cour de l'unité médico-psychologique. Tous les jours, il me réserve le meilleur accueil et je suis éblouie par l'exotisme qu'il peut dégager. Ses fleurs colorées d'un mauve dégradé sont d'une rare beauté, même si elles sont synonymes de ces visites que je rends à ma fille. Chaque jour, je reste plantée là, à contempler

L'envol de Sarah

l'élégance de ce monstre somptueux avant d'emprunter le couloir qui mène à la chambre de Sarah. Devant ce passage obligé, mon mari n'est même plus surpris par le ralentissement de mon pas. Il m'entraîne par la main pour me dire : « Allez viens, nous allons voir Sarah ! » Nous n'avons pas la même façon de regarder... Le jour suivant, je suis toute seule. Je ne me retiens pas. Je regarde à droite, à gauche, et, comme une voleuse, j'attrape une de ces fleurs pour l'offrir à Sarah.

Ma fille est aussi belle que d'habitude, allongée sur son lit. Le soleil remplit sa chambre. Je l'embrasse aussi tendrement que d'habitude. Je lui montre la fleur : « Regarde comme elle est belle ! Je n'ai pas pu m'empêcher de la cueillir pour toi ! » Le visage triste, elle prend cette fleur pour la repousser sans égards sur la table de chevet. Blessée, je tente de me ressaisir en balbutiant quelques banalités. Je ne parviens même pas à faire descendre ma fille dans la cour ensoleillée. Nous dialoguons de moins en moins.

En rentrant chez moi, je me sens vide de toute réflexion sur ma fille. Je me raccroche à ce demain qui sera un autre jour. Penser à des jours meilleurs dans notre nouvelle maison confortable en compagnie de Sarah, voilà ce que je voudrais. Je me surprends même à rêver au coup de baguette magique ou je ne sais quelle force surnaturelle qui rendrait à Sarah sa joie. Hélas, je ne possède aucun pouvoir de ce type.

Nous n'avons jamais connu d'aussi belles journées printanières depuis bien des années. Baptiste est heureux de rendre visite à sa sœur en toute liberté, sur sa mobylette. Pendant le temps qu'il partage avec sa sœur, nous partons en couple nous détendre pour une longue marche à travers la campagne voisine. Des vignes à perte de vue, un chemin à gauche, un autre à droite, et ce magnifique château en face de nous. Nous rejoignons plus loin une clairière, c'est un havre de paix. Deux chevaux ont élu domicile dans cette nature. Nous aimerions tant que Sarah soit là, pour les voir, les caresser, les embrasser comme elle sait si bien le faire, avant de les monter avec toute sa grâce. Une prière vient à moi : « Puisse tout reprendre sa place et retrouver du sens. Sarah, ne te laisse pas envahir par la souffrance, retrouve ta passion… »

Un problème mathématique serait bien plus facile à résoudre. Mon mari me sort de mes pensées pour me rappeler qu'il est temps de prendre le relais auprès de Sarah. Baptiste a peut-être quitté sa sœur, à présent. Nous caressons une dernière fois les chevaux comme s'ils étaient notre porte-bonheur.

Nous arrivons juste à temps à l'institut. Baptiste s'apprête à repartir sur son deux-roues. Sa visite a été longue, et c'est tant mieux. Il défait le cadenas de sa mobylette. Il nous sourit en nous voyant nous approcher.

« Comment as-tu trouvé Sarah ?

— Elle n'était pas très bien à mon arrivée. Elle écrivait. Puis après, c'était mieux. Nous avons plaisanté sur les photos que vous lui avez laissées…

— Avec ce beau soleil, tu n'es pas descendu dans la cour avec elle ?

— Je ne savais pas si j'avais le droit. »

Nous nous séparons. Aujourd'hui dimanche, c'est le calme plat dans le hall d'accueil, il n'y a personne dans les couloirs. Nous frappons à sa porte. Sarah nous invite à entrer. Les volets roulants de sa fenêtre sont quasiment descendus. Elle est assise à sa table et referme une enveloppe.

« Tu écrivais, chérie ?

— Oui, vous pourrez poster ma lettre ?

— Bien sûr, Sarah. Mais il fait si beau dehors, et tes volets sont fermés ?

— Oui, maman ! »

Une fermeture sur le monde extérieur… Avant de monter à sa chambre, il avait été convenu avec mon mari qu'on essayerait de la faire descendre avec nous dans la cour. Nous y parvenons finalement. Nous nous asseyons sur le banc le mieux exposé au soleil. Peu de monde là aussi, juste un jeune couple. Je reconnais une jeune fille aux cheveux longs accompagnée par son amoureux. Elle est hospitalisée ici depuis longtemps, elle aussi. Je devine très vite le motif de son séjour ici à sa maigreur, synonyme d'anorexie. La tristesse permanente de son visage est impressionnante. Elle n'exprime rien devant les élans amoureux de son compagnon. Nous en discutons un peu tous les trois. Je profite de ce tremplin pour parler à Sarah de sa relation amoureuse avec son petit ami. Elle me rétorque qu'elle n'a pas envie d'en discuter. Alors je lui demande : « La lettre, c'est pour lui ? » Effectivement. J'essaie une fois de plus de décoder ce qui se passe ou pourrait se passer dans sa tête. Nous n'insistons pas plus longtemps sur le sujet.

Pour nous dégourdir les jambes, nous faisons quelques pas, mais ici le périmètre est limité, alors je propose de faire le tour des bâtiments. Le vigile qui est d'ordinaire à l'entrée de l'hôpital, passe devant nous. Il emprunte une grande grille située à l'arrière qui mène je ne sais où. Nous terminons notre boucle et venons nous asseoir sur le petit muret, là où le soleil terminera sa course de fin de journée. Il y fait bon, les derniers rayons du soleil réveillent en moi une envie de chanter. Je suis si heureuse à cet instant de nous sentir détendus tous les trois, sur ce petit mur, que je fredonne quelques paroles. Sarah ne tarde pas à me dire : « J'adore quand tu chantes, maman ! » Un temps, puis Sarah se confie :

« Maman ! j'ai quelque chose à te dire.
– Oui, ma fille.
– Je ne t'ai pas tout dit.
– Dis-moi.
– Tu sais, au pont d'Aquitaine, j'avais enjambé. J'étais prête à sauter quand la police est arrivée… J'ai

hurlé comme une hystérique quand ils m'ont retenue. J'avais dit à ma copine que j'avais vue la veille qu'elle verrait bientôt mon nom dans le journal. Vous croyez que j'aurais fait autant de kilomètres si c'était pour me rater ? J'ai trop pris mon temps pour vous écrire combien je vous aime. La prochaine fois, je ne le prendrai pas : à chaque fois que je vous laisse une lettre, ça ne marche pas... »

Mon mari et moi sommes subjugués par ses mots. À cet instant, je pense à l'officier de police que nous avons rencontré le 18 février. Je lui en veux de ne pas nous avoir tout dit. Le mot « enjamber », nous ne l'avons jamais entendu.

Je m'empresse de lui répondre : « Tout cela, Sarah, n'est qu'un mauvais souvenir que nous tentons d'oublier et je voudrais qu'il en soit de même pour toi. À présent, tout dépend de toi et, si tu es ici, c'est pour regarder devant toi. Ne fais pas marche arrière. Tu as peut-être beaucoup de chemin à faire encore. Tu es capable de t'en sortir, mais peut-être que ta volonté ne suffit pas. Nous serons aussi patients que nous l'avons été jusqu'à présent. Si actuellement, ton petit ami te fait du mal, parles-en à ton médecin, que tu dois voir demain. Libère-toi de tout cela avec lui, livre vraiment tout ce que tu as sur le cœur. Je t'en prie... ne choisis pas l'irrémédiable... »

Ma fille ne semble pas vouloir me répondre. Elle me parle à nouveau des paroliers qu'elle aime écouter :

Brassens et Moustaki. À ce moment-là, sans que je sache comment, une chanson que j'avais totalement oubliée me revient et je la lui chante. Depuis, je ne cesse de la fredonner dans ma voiture ou ailleurs : *Mon amie la rose* de Françoise Hardy.

On est bien peu de chose et mon amie la rose me l'a dit ce matin.
À l'aurore je suis née, baptisée de rosée, je me suis épanouie heureuse et amoureuse,
Aux rayons du soleil je me suis refermée, je me suis réveillée vieille, pourtant j'étais très belle… Vois, le dieu qui m'a faite, me fait courber la tête,
Et je sens que je tombe et je sens que je tombe, mon cœur est presque nu,
J'ai le pied dans la tombe, déjà je ne suis plus,
Tu m'admirais hier et je serai poussière…

Je la chante avec une telle intensité, sans oublier le moindre couplet, que ma fille en est ébahie. Elle m'embrasse fort. Soudain, je me rends compte de ce que je viens de faire en chantant cette chanson…

Si elle pouvait ne retenir qu'une chanson poétique et non une voix qui l'approuve dans sa volonté d'en finir. Après tout, peut-être est-ce moi qui donne trop d'importance à chaque parole. Mais je sais que quand on est déprimé, on a tendance à se renfermer sur son mal-être plutôt que de tricoter son bonheur, et Sarah interprète tout par rapport à elle-même. La vie est tellement plus exigeante que la mort !

Le soleil a terminé sa boucle sur ce petit muret. La fraîcheur du soir nous oblige à remonter dans la chambre. Je suis inquiète, cette visite ne m'a pas vraiment satisfaite. Je sens aussi un manque d'enthousiasme dans le regard de mon mari. J'ai besoin de rencontrer l'infirmière de service pendant que mon mari reste avec sa fille. J'y vais discrètement, toujours par crainte de déranger. Combien de fois avons-nous eu envie de demander comment Sarah se comporte, si elle évolue. À tort ou à raison, nous préférons souvent rester en retrait pour ne pas embarrasser ou perturber les professionnels dans leur travail. Pourtant ce soir, la situation me semble suffisamment périlleuse pour que j'aille les trouver. Son antidépresseur est-il vraiment le bon ? Est-ce la bonne molécule ? Cette médication n'aggrave-t-elle pas les choses ? Nous attendons du corps médical plus qu'un comportement machinal, plus que cette apparente neutralité. Mais ce qui me marquera ce soir, c'est une phrase prononcée par l'infirmière, si vraie peut-être, mais si injuste pour une mère : « Chacun est maître de sa propre vie. »

Je retourne vers la chambre, soumise à cette phrase incertaine, presque résignée. J'entre dans la chambre. Sarah est plus belle que jamais, allongée sur son lit. Elle porte son pantalon blanc cassé, un pull de laine léger couleur prune qui lui relève le teint. De toute évidence, elle a perdu quelques kilos. Elle a l'air mélancolique et cherche à nous le cacher. Son père est assis près d'elle. Ils discutent. Comme il aime cette enfant !

Elle souhaite savoir ce que l'infirmière m'a dit. Spontanément, je lui réponds qu'avec son père nous ne lui avons jamais demandé de compte-rendu sur ses entretiens avec les soignants, alors il faut qu'elle comprenne que moi aussi j'ai besoin de parler, de poser des questions. Elle sourit. Ce soir, je ne suis pas convaincue par l'éclat terne de son sourire. Elle le sent, j'en suis sûre. Nous savons que lorsque nous franchirons cette porte pour la quitter, son large sourire et sa beauté sombreront peut-être dans le noir profond. Notre fille a une telle faculté de masquer son désarroi. Mentir pour éviter de nous faire du mal, telle est sa démarche.

Il se fait tard, Sarah doit aller dîner. Mon mari l'embrasse tandis qu'elle reste allongée sur son lit. Plus le temps passe, moins nous supportons ces séparations. Je l'embrasse à mon tour. Je voudrais encore trouver quelque chose à dire pour retarder le moment du départ. Elle est calme et sereine en nous regardant partir : « Au revoir, maman, au revoir, papa ! ».

L'envol de Sarah

Je ne peux pas m'empêcher, devant tant de gentillesse, de revenir sur mes pas pour l'embrasser encore. J'ignore que c'est la dernière fois que je tiens ma fille dans mes bras.

Sarah m'a remis sa lettre à poster. Elle est bien destinée à son petit ami. Nous empruntons l'ascenseur. Je scrute l'enveloppe dans tous les sens. J'éprouve cette irrésistible envie de l'ouvrir. Mon mari n'est pas d'accord. J'essaie de le convaincre en lui disant que, jusqu'à présent, nous n'avons jamais violé l'intimité de Sarah, mais qu'il est peut-être temps aujourd'hui de lui mentir pour éviter le pire. Il refuse. Je lui confie l'enveloppe. Avec la conviction que nous faisons une erreur, je monte dans la voiture. Mon mari s'arrête à la première boîte aux lettres pour la poster.

Durant le dîner, nous évoquons tous les trois nos échanges avec Sarah lors de la visite. Vraisemblablement, les derniers entretiens téléphoniques avec son petit ami n'ont pas été simples, je crains qu'il lui fasse du mal. Baptiste nous dit : « Il se sert d'elle, il va la jeter comme un kleenex. » Cette fréquentation va l'achever. Je suis révoltée à l'idée de savoir qu'un individu profite peut-être de la faiblesse de Sarah pour régler ses propres problèmes. Il n'a pas digéré sa situation amoureuse antérieure, a expliqué Sarah à Baptiste. Il était très amoureux d'une fille qui a rompu avec lui. Il fait des comparaisons entre son ex et Sarah devant elle. Il lui a dit qu'elle est moins bien que l'autre. Sarah va encore se trouver en situation d'échec. Elle est son souffre-douleur.

14

Aujourd'hui, lundi, mon moral est bas. J'ai du mal à reprendre le travail. Je serais tellement mieux près de ma fille. Il va falloir que je lui rende visite après mon éprouvante journée. Je me détache du monde qui m'entoure. Je n'ai qu'une seule pensée : Sarah. Je demande à mon supérieur de ne pas assister à la réunion qui aura lieu à 15 heures. Il est au courant de ce qui m'arrive dans les grandes lignes.

De 14 à 15 heures, Sarah a dû participer au groupe de parole. Il est 15 heures, je dois pouvoir la joindre au téléphone. J'ai hâte depuis ce matin d'entendre sa voix, mais au travail, c'est difficile. Je compose le numéro direct, une sonnerie, deux, puis trois. Quelqu'un me répond, ce n'est pas la voix de Sarah mais celle de la jeune fille avec qui elle partage la chambre. Je lui demande de me passer ma fille. D'une voix hésitante, elle me répond de patienter. J'attends une minute, deux, trois, quatre, puis cinq minutes et plus encore sans que personne ne me dise quoi que ce soit.

J'entends mes collègues se lever. La réunion est terminée et ils se rapprochent. Je sais que je ne pourrai plus parler tranquillement avec ma fille, alors je raccroche. Je suis déçue de ne pas pouvoir la prévenir de ma visite. Il est 15 h 30. Je quitte mon travail. Je décide de passer chez moi avant d'aller à l'hôpital. Je raconte à mon mari le coup de fil raté avec Sarah. Il est 16 heures. Je suis prête à repartir, quand la sonnerie du téléphone retentit.

« Bonjour, le centre A. à l'appareil, c'est bien Mme F… ?

– Oui !

– Nous vous appelons pour vous prévenir que Sarah a fait une fugue, le service de police est informé.

– Comment ?

– Sarah a fugué et nous avons prévenu la police. Cela fait partie du règlement lorsque nous n'avons plus de nouvelles depuis plus d'une heure.

– J'ai appelé vers 15 heures, pourquoi ne m'avez-vous rien dit ? J'ai eu sa camarade de chambre et elle ne m'a rien dit ! »

L'infirmière n'apporte pas de réponse à ma question. Elle n'est pas capable de me dire l'heure à laquelle ils se sont aperçus de l'absence de ma fille. Tout va si vite dans ces moments-là. J'essaie de ne pas être trop désagréable. Je me contente de conclure en insistant pour qu'elle me rappelle aux premières nouvelles de Sarah.

Mon mari a compris. Nos regards inquiets nous dispensent de paroles. Baptiste s'approche et nous demande ce qui se passe. Nous tournons comme des lions en cage. Se rendre au centre n'est pas une solution. Questionner qui ? Pour savoir quoi ? Quel intérêt d'entendre des si et des mais, perturber un peu plus ce service déjà déstabilisé ? Nous ne voulons pas en rajouter. Pourtant nous nous posons bon nombre de questions durant l'heure qui suit. Je décide de rappeler le centre pour demander plus de précisions à l'infirmière, savoir si Sarah s'est entretenue comme prévu avec son psychiatre ce matin. Elle me répond que c'est le cas.

Alors, je murmure les quelques mots qui me rongent depuis une heure : « Le pont d'Aquitaine. » Sarah a dû se rendre au pont d'Aquitaine ! Mes incertitudes deviennent d'un coup des certitudes, puis l'évidence n'est plus si évidente ! Je ne sais plus, je ne sais pas. Je vais de l'espoir au désespoir de ne plus la revoir. Nous devenons fous dans l'attente de cette sonnerie qui refuse de se faire entendre. Prendre la voiture pour partir où, pour aller où ? Les minutes et les heures passent, il est 19 heures, je rappelle l'infirmière. Elle n'a aucune nouvelle de Sarah et m'avoue l'inquiétude de son médecin. L'angoisse nous ronge jusqu'à 20 heures. Nous appelons le poste de

L'envol de Sarah

police. L'officier de quart nous demande de venir. Baptiste ne nous accompagne pas.

L'officier nous annonce avoir retrouvé un sac sur le pont d'Aquitaine. Une jeune fille se serait jetée du haut du pont vers 16 heures d'après plusieurs témoins.
C'est bien le sac de Sarah.
Aucun mot à l'intérieur, ici et nulle part.
C'est normal.
Maman ! Rappelle-toi !
Rappelle-toi !
Quand je vous écris un mot, ça ne marche pas !
Oui, mon amour, je me rappelle.
Je me rappelle.
Je me rappelle que tu es devenue une étoile échouée là-haut dans le ciel, ce 10 mars 1997.

Trois jours plus tard, ton grand-père fermera aussi les yeux pour l'éternité. Il n'aura jamais su la fin de ta si courte vie ! Quelques jours plus tard, une comète s'est élevée dans le ciel. Elle a brillé quatorze jours pour nous éclairer ! C'est encore bien trop court.

Épilogue

Les jours suivants, le psychiatre responsable du centre A., le docteur Xavier Pommereau, publie son livre *Quand l'adolescent va mal*. Mais dans ce domaine, il n'y a pas de science exacte qui permettrait de guérir tous les souffrants.

Merci, monsieur le psychiatre de Sarah d'avoir eu la délicatesse de nous recevoir après le grand saut de ma fille. On se sentait si petits devant vous, face à votre bureau, face à votre silence, face à votre savoir. Je vous sens malgré tout impuissant, désarmé, en échec. Comme nous. Cette fois-ci, vous n'avez pas répondu au téléphone pendant notre présence. Deux fois. Quelque chose encore a changé : une grosse larme a coulé sur votre joue gauche, celle du côté du cœur. D'un ton grave et timide, vous avez ajouté : « Je comprendrais que vous m'en vouliez ! » Puis, vous vous étiez arrêté, laissant le silence s'installer. Nous n'en attendions pas plus, docteur, pas moins non plus. Vous étiez aussi impuissant que nous face à l'envol de Sarah.

Le deuil commença pour moi. Je suis revenue seule, le lendemain, chercher ta valise, Sarah. J'ai marché tout droit dans le couloir. Toute droite, en gardant ma dignité. Je ne voulais pas déranger, pas perturber ces visages tuméfiés. Elles m'ont tendu ta valise avec des mains tremblantes, avec des yeux rougis. Je leur ai tiré ton chapeau de la même façon que tu me l'as dit. J'ai repris ta valise devenue plus lourde qu'à l'arrivée, comme chargée d'un poids invisible.

Un an après le départ de Sarah, ma mère s'est penchée vers moi, un soir, dans sa maison silencieuse. Il faut que je te dise quelque chose : « Tu sais, il y a cette tombe avec la croix en pierre, pas très loin de Sarah, celle de ton arrière-grand-mère. Tu sais, elle s'est jetée une nuit dans la Corde. J'avais 12 ans. Ma propre mère m'avait acheté un beau chapeau rose pour ma communion. Elle est allée l'échanger contre un chapeau noir. On n'a jamais dit qu'elle s'était suicidée. On a dit qu'elle était morte d'une phlébite dont elle souffrait depuis des mois. »

La Corde, c'est le nom du cours d'eau qui passe dans les marais, sous la passerelle en bois où mon père promenait ses petits-enfants en bateau. Là où il leur disait : « Baissez vos têtes !... » Cette passerelle en bois, c'est celle qu'a construite mon père, le seul endroit où les bestioles ne me piquaient pas. Il y a parfois dans la vie des choses inexpliquées qui rôdent autour de vous, des secrets de famille enfouis qui vous rejoignent, qui filent comme un ruisseau irrépressible de génération en génération.

Une autre personne de ma famille me précisait : « Tu sais bien que, normalement, un suicidé n'a pas droit à des funérailles à l'église. » Parce que l'Église réprouve les suicidés. Pourtant, toi, ma Sarah, tu es passée par l'église Saint-Pierre de Langon le samedi 29 mars 1997. L'église où tous les dimanches de mon enfance, j'ai ravalé mon ennui. L'église où l'odeur de l'encens me faisait tourner la tête et parfois même perdre conscience. Ta messe, nous l'avons décidée et construite avec ton père. Et le Père Groleau a dit : « Dieu ne juge pas ! »

La Bretagne était présente, ton amie Julie et les autres, ainsi que ceux de ton lycée bordelais. Le proviseur de ton ancien lycée de Quimper a donné une messe dans la cathédrale.

Le chant breton du chœur du Kador, *Son Derry*, s'est fait entendre à la fin de la cérémonie pour rendre un dernier hommage à l'envol de Sarah avant qu'elle ne rejoigne son grand-père au Bois-Lambert.

L'envol de Sarah

Par la suite, des années durant, j'ai éprouvé la même culpabilité que tous les parents de suicidés, devant porter le regard des autres, et trouver la justification d'exister. Les pourquoi et les comment. Le couple qui se déchire un temps, les accusations injustes. On croit qu'il faut un coupable. Qu'est-ce qu'on a fait pour qu'il en soit ainsi ou qu'est-ce que l'on n'a pas fait ? J'ai tourné le dos à mon couple, refusé notre sexualité, ce rappel de la procréation et de l'enfantement. J'avais donné la vie à un enfant qui n'en a pas voulu !

Les autres enfants ne m'intéressaient plus. Je ne supportais plus la vue des futures mamans dans la rue, j'éprouvais de la pitié autant que du dégoût à leur égard. Pourtant, je savais au fond que si je pouvais remettre au monde ma Sarah, je recommencerais avec les mêmes doutes, les mêmes peurs et bien sûr les mêmes joies.

Chaque seconde qui passait, je ne pensais plus qu'à toi, Sarah, et je voulais te garder pour moi, seulement pour moi. Je me surprenais même à faire encore des projets pour toi. Je te voyais partout.

Combien de fois ai-je cru te voir dans la rue...

Il m'est arrivé de donner un coup de frein en voiture, car je venais de te voir là, à un arrêt de bus, là, traversant la rue. Un habit, un pull, une chevelure, une allure. Cela m'arrive encore. J'ai eu bien du mal à supporter mes amis qui parlaient de leurs enfants devant nous, qui parlaient de la vie tout simplement.

Il a fallu que le deuil se fasse avec ses silences pesants, avec ses colères aussi. La colère, c'était moi. Mon mari, malgré sa dépression, était plus serein, plus raisonnable, en harmonie et en communion avec elle, s'accaparant sa chambre, la transformant en un refuge. Cette chambre dans notre nouvelle maison que Sarah n'aura occupée que trois jours. Il a mélangé ses livres avec les siens, découvert un long cheveu dans un pull qu'il a gardé, il a découvert ses petits mots, ces petits brins de vie.

Notre nouvelle vie à Bordeaux commençait dans le deuil. Mon égoïsme ne faisait que commencer, je ne voulais plus rien partager avec mon mari. Ma patience est devenue colère. La colère de la défaite, la colère de l'absence, même si au fond de moi je respectais le choix de Sarah. Le choix de mourir tout simplement.

Combien de couples se séparent pendant ou après le deuil d'un enfant ? Pendant des années, je n'ai pas supporté d'être accompagnée pour rendre visite à Sarah au Bois-Lambert. Je la voulais pour moi, rien que pour moi. Je ne supportais pas une conversation autour de sa tombe, et si par mégarde quelqu'un venait nous parler, je m'en allais plus loin. Mon mari me disait : « On peut parler de tout dans un cimetière. » Je lui répondais : « Dans un cimetière peut-être, mais pas devant sa tombe. » Je n'ai jamais vu Baptiste s'y rendre seul, mais peut-être l'a-t-il fait.

Les parents qui ont perdu un enfant sont marqués au fer rouge par le pourquoi, et c'est peut-être plus vrai encore dans le cas d'un suicide. C'est une plaie béante qu'il faut soigner pendant des années. Il faut racler ce mal qui vous ronge tous les jours, par n'importe quel moyen, l'extirper à tout prix.

Pour ma part, chaque semaine, pendant un an, je suis allée vomir mon histoire chez un psy. Je l'ai usée à force de formulations, et puisque ma fille m'obsédait encore, bien plus tard, j'ai écrit ce livre.

Libérez-vous de vos chaînes, vous qui avez perdu votre enfant, de ces boulets qui vous empêchent de marcher. Parents, fratries, prenez le temps qu'il faut, mais surtout ne taisez jamais la mémoire du disparu. Il est là, il vous regarde, il vous entend.

Nous avons décidé de rester ensemble : « Baptiste, tu ne remplaceras pas ta sœur, mais nous continuerons sans elle et avec toi. » Le fait de n'être pas des parents démissionnaires, ni défaitistes, vis-à-vis de lui, nous a aidés petit à petit à reconstruire notre couple. À l'image des Noëls qui ne ressemblaient plus aux autres, qu'on fêtait toujours, mais différemment.

Baptiste était en pleine adolescence avec ce qu'elle comporte de doutes, de peurs pour l'avenir, et avec un élément supplémentaire : l'absence de sa sœur. Bien souvent, il s'allongeait sur son lit sans une larme et sans un cri, mais les yeux grand ouverts. Je me suis rendu compte un jour qu'il avait fait sienne la chanson de Jacques Brel, *Ne me quitte pas.*

Il faut oublier, oublier le temps des malentendus, et le temps perdu à savoir comment, oublier ces heures qui tuaient parfois, à coups de pourquoi, le cœur du bonheur, ne me quitte pas…

Nous sommes devenus très présents vis-à-vis de notre fils. Partout nous nous rendions disponibles, dans ses sorties à droite, à gauche, entre ses cours de planche à voile ou encore pour la conduite accompagnée. Une « conduite accompagnée » au sens large.

Un jour, je me suis fâchée contre Baptiste, je voulais l'aider pour un oral d'examen qu'il allait devoir passer. Je connaissais ses points faibles en la matière, mais il refusait mon aide, catégoriquement. Je ne me suis pas laissé démonter : « Tu vas voir si ça ne sert à rien. À partir de cette seconde, je ne suis plus ta mère mais l'examinateur qui te pose des questions auxquelles tu dois répondre et je ne veux pas te voir flancher ou faire une quelconque remarque pendant cet entretien. » Il a dû comprendre que j'étais de nouveau là, qu'il était alors inutile de lutter, parce qu'il s'y est soumis. Après plusieurs séances d'entraînement, j'ai vu qu'il progressait. C'était une première victoire pour moi, la note obtenue fut au-delà de nos espérances. Je n'étais plus passive. C'était peu, mais c'était un début.

Quelque temps plus tard, Baptiste a pris ses marques vers une autre destination, une autre ville. Lui aussi prenait son envol. Sans nous. Avec ses défaites, avec ses erreurs, avec son étourderie parfois, ses rêveries, avec sa vie qui n'appartient qu'à lui. Un jour, le petit singe bleu de Sarah a disparu : il l'avait emporté à Paris avec lui. Finalement, ce ne sont pas les paroles qui ont été les plus importantes, ce sont plutôt ces petits riens, ces petits actes, ces silences et ces petites joies qui nous ont permis de nous rassembler et de nous supporter. La vie a repris petit à petit le dessus, nous en devenions de nouveau les acteurs.

Rappelez-vous, chacun est maître de sa propre vie et de sa propre mort. Nous ne sommes pas tous des pères ou des mères incestueux, alcooliques ou violents. Bon nombre de jeunes qui se suicident sont des enfants très aimés. Le suicide des jeunes touche toutes les catégories sociales. Le mal est ailleurs, le mal est sournois, le mal est politique, le mal est économique, le mal est mondial. Les décideurs, ce sont les politiques et les chefs d'entreprise qui devraient ouvrir les bras aux jeunes plutôt que de construire une société de plus en plus dure. Les décideurs, ce sont nous, les adultes et les parents. Les décideurs, ce sont vous, les jeunes. Ne vous laissez pas faire. Il y a d'autres solutions que de jouer avec la mort, car si vous vous prenez à son jeu, elle aura vite fait de vous rattraper.

Rappelez-vous, Sarah était perdue dans sa propre logique, elle a bâti un mur infranchissable, le mur qui coupe de la vie, elle a mis en place une logique qui l'a empêchée de faire demi-tour, où la mort l'appelait, car elle était devenue un but, un point de non-retour, une sorte de rédemption. La mort n'est pas un jeu, c'est une réalité qui vous angoisse jusqu'à en finir.

Chers jeunes, vous êtes intelligents et instruits, alors servez-vous de votre droiture pour mener vos projets à bien. C'est vous, les décideurs. Servez-vous des bons modèles qui vous entourent. N'hésitez pas à parler, à crier dans la rue si bon vous semble. On ne subit pas l'avenir, on le fait. Poussez les portes, faites-vous entendre, car se taire est le premier pas vers l'absence de liberté. Affrontez ce qui vous déplaît, ne l'acceptez pas. Luttez contre les difficultés, même si elles vous semblent insurmontables. Chacun doit trouver sa place dans la société. Il faut être reconnu pour son mérite. C'est parfois la société qui fait perdre le sens des valeurs et ce n'est pas la jeunesse qui doit le payer. Même si l'argent occupe une place trop grande, sachez que vous valez mieux que le produit intérieur brut. Devenez ce que vous avez envie d'être, défendez votre propre intégrité. Arrachez votre iPod de vos oreilles et ne faites pas semblant de ne plus entendre ce qui se passe autour de vous. Vivre, c'est aussi faire la fête, c'est une bonne soirée entre amis. Vivre, c'est partager et rencontrer. Lâchez-vous sans vous relâcher.

Vos parents ont vécu leur jeunesse comme vous mais à une autre époque, avec les mêmes folies, avec des risques qu'ils ont pris aussi. Vous ne ressemblez ni au voisin, ni au copain. Rappelez-vous que les valeurs de la passion sont plus puissantes que le paraître. Moquez-vous de l'image que la société voudrait vous imposer : écoutez cette voix en vous, votre guide. Vous êtes vous, tel que vos parents vous ont conçu avec leurs erreurs, avec leurs idées, tributaires aussi de leur passé. Des parents qui vous donnent de bonnes ou de mauvaises pistes. Que vous alliez bien ou que vous alliez mal, des parents jamais tranquillisés, des parents qui craignent aussi de se tromper. Comme vous. La vie est une conquête permanente.

Comme vous, j'ai souffert. Comme vous, j'ai douté. Comme vous, peut-être, j'ai pensé un jour à me suicider.

Mais ce n'était qu'une idée !

La comète l'a bousculée
Mon étoile est tombée
Trois cents ans à l'attendre

Agnès Favre

Et si peu pour tes cendres
Quatre yeux égarés
Pour te contempler
Toi comète insolente
Rêveries d'adolescente
Je te vois étincelle divine
Abandonnée devant ton crime
Plongée dans une noire galaxie
Océan d'étoiles bleu nuit
Mars perdu sans lendemain
Devant ce néant éteint
Petits lutins ensorcelés
Aux confins de la voie lactée
Dame blanche égarée
Beau livre refermé
Sur un conte inachevé.
Firmament d'une nuit d'hiver
Route vers le Bois-Lambert
Mon Dieu du plus haut des cieux
Constellation des jours heureux.

Sans aucun doute, la Vie vaut la peine d'être vécue, car elle nous apporte aussi de grands moments de grâce et de plénitude. Riche et si mystérieuse soit la vie !

ANNEXES

Dessins de Sarah concernant différentes manières de se suicider

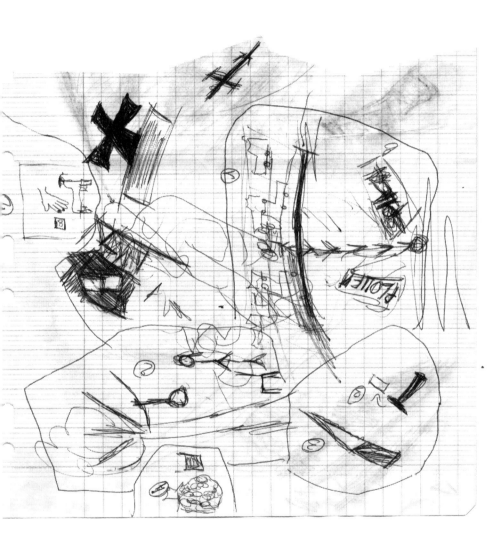

L'envol de Sarah

Écrit par Sarah le 16/12/1996

Je voudrais m'excuser de ce que je viens de faire. Je sais c'est égoïste ce que j'ai fait mais je voudrais aussi que vous n'ayez aucun sentiment de culpabilité, c'est pas du tout de votre faute.
Si j'ai choisi de faire ça, c'est peut être parce que je préfère fuire les problèmes plutôt que de faire face pourtant vous avez mit tout en œuvre pour moi. Je me sens si seul et si perdu. Mes amis me manquent tellem' que personne ne peut l'imaginer. Je suis sûrement dans un moment folie, j'arrive pas à apprendre mes leçons, j'ai l'impression que j'vais jamais y arriver et puis mon avenir me fais si peur.
 Je suis désolée, je n'arrive pas à dire les choses tel que je voudrais le dire alors j'arrête. J'aimerais tellement m'exprimer comme calmer.

Je vous aime tellement   Sarah
                                         mille excuses
En fait je sais pas pourquoi je fais ça.
       mais c'est comme ça.
Une chose que je sais c'est que ma vie n'est pas ici.
Cheval encore cheval ——

Agnès Favre

Écrit par Sarah le 06/01/1997

Ce soir, je n'arrive pas à apprendre mes leçons, je m'énerve, je pleure mais je sais très que je ne peux me coucher sans les apprendre à cause de ma conscience qui cette nuit m'aurait empêché de dormir.

Sans arrêt je pense au moyen de me suicider les médicaments, ça rate car il te font un lavage d'estomac, se jeter dans le vide ce n'est pas évident du ⚓ de chaussé, se jeter sous une voiture, risque que sa rate et d'être paralyser à vie et de regretter d'avoir C'est bête c'est ce que je dis, mes *d'autre pense* pourtant c'est ce qui me turlupine tout le temps.

J'espère que se tailler les veines, c'est simple.

désolée de vous dire c'est chose là, mais pour moi il n'y a pas d'autre solut° pourtant j'ai lutté contre ces idées noires. Je ne peux pas me voir cacher mon année scolaire, je le supporterai jamais car je suis trop consciencieux.

~~Je regrette~~

Pourtant je vous aime tellement, j'ai grand ~~honte~~ *honte*!

Vous pourrai *pas* exactement comprendre ma souffrance car sur papier c'est très complexe à explique malgré que vous soyez très large d'esprit.

je vous en supplie :

Pardonnez moi, c'est égoïste mais c'est une belle délivrance et soulagement pour moi Promettez moi, d'oublier cela et de vivre votre vie normalement, cela me ferait le + plaisir.

Sarah

L'envol de Sarah

Écrit par Sarah le 06/01/1997 (Suite)

Je suis désolée et encore désolée, mille excuses, mais sachez que je suis réellement navrée de faire cela, de vs faire autant de mal. Il n'y a pas de raison précise à ce geste mais pourtant je suis tellement désespérée. Pourtant j'ai des parents toujours à mon écoute et qui m'aime, une mère si psycologue. Mais voilà, ce soir, je n'ai plus la force de patienter de meilleurs jours dans ma tête. Tout est tellement brouillé, si confus et si noir. Cela fait un trimestre que je pensais sans arrêt à mon passé, la Bretagne, mes amis, les chevaux, le Parad et ses profs, mon espoir c'était elle et tout c'est effondré ce dernier espoir c'est effondré, tellement déçu par ces vacances. De ce fait je n'attend plus rien, je m'impatiente que chaque minute, heure, journée, semaine, année... se termine. Je ne vois donc plus d'intêret de ma vie si ce n'est un éternellement impatience que journée se passe. Et voilà, en plus, que l'école ça ne va plus, je n'arrive plus à apprendre mes leçons, à écouter en cours, à me concentrer. Je m'interesse plus à rien, même les garçons, faire la fête etc... C'est peut-être que je m'en s'en plus à la hauteur. Quand je me vois dans la glace, j'ai l'impression d'être si différente si moche et je me sens grosse même si je ne le suis pas. Quand je marche dans la cours, j'ai l'impression d'être toujours fixé, je n'arrive pas à être naturel, c'est si frustrant.

J'ai le sentiment, qui me suis toujours, que je n'y arriverais, que ça sois pour n'importe quoi.

Je me sens soulais de plus en plus et puis ça m'énerve tellement d'être comme ça, alors qu'il y a des gens qui vivent dans la misère.

La joie, la gaité de vivre qui me donnait du courage, s'est éteinte, de ce fait je suis tout, m'apitoyant sur moi même, j'ai tellement honte.

Agnès Favre

Écrit par Sarah le 29/01/1997 (?)

Voilà une rose, jolie comme ça maman à qui cette jeune fille, lui fait beaucoup de mal, sans le vouloir. Elle s'en rendait pas vraiment compte, fermait les yeux à son entourage, à leur état d'âme ainsi que le tracas d'un déménagement. Cette personne en ai vraiment navrée mais pour l'instant, elle ne désire qu'une chose que vous soyez heureuse, même si pourtant ça ne parait pas évident.

Cette fleur à été offerte pour la St Agnès avec du retard. J'espère que vous m'en voulez pas trop pour tout ce fait subir, mais sachez que c'est involontaire, je vous demande pas de me comprendre, car moi m'y en ai beaucoup de mal.

Une chose est sur, c'est que je vous aime et que j'ai beaucoup de chance d'avoir des parents comme vous, aussi ouverts et compréhensifs à ce qui m'arrive en ce moment. Je suis consciente que ce n'est pas évident ce qui vous arrive en ce moment, en plus cette jeune fille, en ce moment, ne peux qu'à passait ces journées avec ses amis à réglée complètement ascoeurs. Je n'y peux rien, c'est comme ça, mais je suis persuader qu'il état du tps et un peu d'espoir pour que tout cela change.

Bonne St Agnès avec du retard!

Je vous embrasse à tt à l'heure

Sarah

L'envol de Sarah

Écrit par Sarah le 21/02/1997

Aujourd'hui vendredi 21, je me sens bien, ici à Charles Perrens. Je suis dans mon lit, il est 13h00 et j'ai envie d'écrire, cela me fait du bien.

Ici, c'est une ambiance qui me plaît. Il y a plein de gens très intéressants, réfléchis, intelligents, ouverts....

On peut échanger ses idées sur divers sujets, que ça soit sur la société, la religion... etc.

Je crois que cela m'est très bénéfique d'être avec des adultes, et non avec des jeunes de mon âge qui sont pour la plupart immatures à mon goût. Je sais qu'il faut être tolérant, mais l'immaturité, la connerie, l'hypocrisie et des gens m'insupporte, j'en souffre tellement et en ai souffert. A mon avis, cela fait parti de ma dépression, se sentir pas bien, différent des autres fait venir en moi, des sentiments de culpabilité atroce.

C'est pourquoi, quand je rencontre des gens qui ont les pieds sur terre, naturel etc... cela me fait un peu revivre. Remarque, je me suis prise tellement de claques, déçue... que j'en deviens méfiante et j'ai tendance à m'être tout le monde dans le sac. De ce fait, dans ces moments, je me sens terriblement seule et si désespérée.

Il est vrai aussi que quand on regarde le monde actuel, ses évolutions on se demande où l'on va. Plus ça va, les gens deviennent égoïstes et plus les escrocs, délinquants, et j'en passe remplissent les rues. Le chômage etc...

J'aimerais tellement revenir dans ma petite presqu'île adorée, loin de tout ça, retrouver ma personne et toutes les autres choses que j'ai laissé derrière moi.

Ne pas avoir cette déchirure et toutes la souffrance par laquelle je suis passée.

Maintenant, depuis le déménagement, plus ça va, plus tout fond

Agnès Favre

Écrit par Sarah le 21/02/1997 (Suite)

en moi, plus rien m'interesse et plus mon envie de mourir s'accroît.

J'ai tellement l'impression de n'être plus rien, je me déteste. En plus de cela vient se rajouter le sentiment de honte qui me poursuit sans arrêt. Honte d'être comme ça, alors qu'il y a plein de gens qui ont vraiment des raisons d'être malheureux et qui vont mourir à cause de leur santé et qui ne demandent qu'à vivre. On aura beau dire, la vie est parfois si injuste mais ainsi faite.

Je n'arrive même plus à verser une larme, à crier, taper sur les murs, ça m'énerve, je me hais. Au lieu de ça je reste passive, étendue sur mon lit à penser à la mort. C'est peut-être pour ça que je suis si calme car je suis persuadée qu'il y a que la mort pour mon cas et que suis pas pressée pr m'offrir la mort. Je veux quelque chose de réfléchi, un dernier projet où je puisse choisir ma mort et qu'elle soit sûre.

Je crois que je suis arrivée trop loin dans ma dépression, seul, la mort m'attire et m'appelle.

La seule chose qui m'embête dans tout ça, c'est de laisser mes parents et mon frère que j'aime. Je veux pas les faire souffrir mais j'aimerais tellement qu'ils comprennent que je ne peux rester dans ce monde pour 3 personnes et qu'ils acceptent mon choix parce que moi je n'en peux plus, je ne supporte plus.

Postface

Marie Choquet, Directeur de recherche,
Inserm U 669
Maison de Solenn – Maison des adolescents, Paris

La douleur de perdre un enfant par suicide est incommensurable. Chaque jeune qui se donne la mort est engagé dans une histoire différente, dans une famille différente, et aucun être humain ne ressemble à un autre être humain. On pourrait croire qu'une approche scientifique, distante et « froide », de l'acte suicidaire est impossible. En effet, comment « objectiver » des situations aussi diverses, aussi intimes, aussi douloureuses ? Et pourtant. On retrouve des constantes à travers les récits, et en même temps des différences, nouvelles à chaque fois. Ces « constantes » ont suscité l'intérêt des scientifiques, médecins, psychiatres, sociologues, psychologues. Et un champ de recherche en « suicidologie » s'est développé.

L'envol de Sarah

Mais peut-on parler des résultats de ces recherches face au terrible chagrin de ceux qui survivent ? En effet, peut-on faire intrusion dans leur vie quotidienne, leur douleur, leurs angoisses ? La réponse est : « Oui, dans certaines conditions. »

« Oui », car tout parent essaye de comprendre ce qui s'est passé, en quoi son enfant a été confronté aux mêmes problématiques qu'un autre enfant, habitant ailleurs, dans une autre famille et avec une autre histoire. Cette « description scientifique » de ce qui a été l'histoire individuelle du suicidant, permet à l'entourage de comprendre. Et comprendre permet aussi de vivre avec. Pas d'oubli, bien sûr, on n'oublie jamais la mort d'un enfant. Bien d'autres conditions sont nécessaires pour survivre à une telle épreuve, comme le soutien de l'entourage, l'investissement dans sa famille, dans une association, dans le bien public... Mais la science peut faire partie de ce désir de compréhension et de survie. C'est l'objectif de cette Postface.

« Dans certaines conditions », car il ne faut jamais perdre de vue que, quand on est dans l'humain, on reste humain. Ce qui signifie qu'on ne parle pas d'un jeune comme on parle d'un objet, d'un fait, d'une expérimentation. C'est là que le scientifique montre qu'il est humain, sans perdre sa science. Ainsi, face à un jeune qui a fait une tentative de suicide, comme face à un jeune délinquant, à un jeune toxicomane ou quelque autre avec un problème quel qu'il soit, on doit savoir qu'aucune science ne peut entièrement expliquer son acte et ne peut entièrement comprendre le pourquoi du comment. Mais elle peut en donner un éclairage, aussi partiel soit-il. L'humilité et la modestie s'imposent donc au chercheur : Il sait des choses, mais il ne sait pas tout. Jamais. Surtout à propos de la personne humaine, si complexe, si interactive, si sociale, si surprenante, si imprévisible.

Ce que je sais sur l'acte suicidaire et le passé des jeunes suicidants, je vous le livre. Ce que je ne sais pas aussi.

1) Que disent les chiffres sur le suicide ?

Entre 600 et 800 jeunes (15-24 ans) se donnent la mort chaque année en France, phénomène en diminution depuis une vingtaine d'années. Cette diminution est en partie due à une meilleure connaissance du phénomène et de ses signes précurseurs et donc à une intervention plus précoce. Ainsi, quand un jeune prend des médicaments à haute dose, on ne parle plus d'« accident », on ne reste plus sans rien faire en attendant qu'il se réveille. Non, on perçoit l'acte suicidaire, et on hospitalise, le plus rapidement possible. Quand un jeune exprime des idées suicidaires, on ne dit plus « Quand on en parle, on ne fait pas », non, on s'en inquiète, on en réfère à un psychiatre ou on intervient au moindre doute… Ainsi, la reconnaissance que l'acte suicidaire peut exister parmi les jeunes a contribué à une diminution de la mortalité suicidaire.

Dans le même temps, les tentatives de suicide (TS) des jeunes sont fréquentes et en augmentation chez les filles depuis une dizaine d'années. On estime entre 40 000 et 60 000 le nombre d'hospitalisations pour TS par an, sans oublier les quelque 100 000 à 200 000 TS non suivies d'hospitalisation. Certes, les données sur les TS sont moins fiables que les données concernant les décès par suicide, car le décès est en France « à déclaration obligatoire » alors que l'acte suicidaire, surtout quand il ne donne pas lieu à une hospitalisation, est relaté par le sujet lui-même lors d'enquêtes en population, mises en place de façon ponctuelle. Reste que, dans une série d'enquêtes faites auprès des adolescents avec le même questionnaire (et un même type de population : les élèves du second degré), on a montré que les TS ont été multipliées par 1,5 chez les filles. Ainsi la proportion de filles qui déclarent avoir fait au moins une TS dans leur vie est passée de 8 % (1993) à 13 % (2003) ; la plus forte augmentation concernant les filles de 16-17 ans, alors que, durant la même période, la proportion est restée stable chez les garçons (autour de 5 % déclarent avoir fait au moins une TS dans leur vie).

Si près d'un jeune suicidant sur deux ne renouvelle pas son acte, près de la moitié font une autre tentative de suicide, dans la majorité des cas dans les 6 mois qui suivent la tentative précédente. Ces récidives, fréquentes, sont le signe que le problème n'a pas été résolu. On doit s'en inquiéter à coup sûr, même si la TS ne semblait « pas grave » et que la vie n'était pas en danger. La gravité de l'acte n'est pas liée à sa gravité physique, mais à sa gravité psychologique. Et ce mal-être vécu comme un vide profond, une inutilité, un non-sens par le sujet n'est pas toujours perceptible pour l'entourage. Car le jeune a une sacrée capacité à lui cacher son mal-être. Il peut même le faire avec beaucoup de soin, « pour préserver ses parents, sa famille ». Ainsi il peut faire du sport, sortir le soir, rencontrer ses amis, suivre une scolarité satisfaisante tout en étant profondément convaincu que sa vie ne vaut pas la peine d'être vécue, qu'il ne vaut rien, que tout n'est que vide…

La mort par suicide est plus fréquente chez les hommes et les personnes âgées, la tentative est plus fréquente parmi les femmes et les jeunes. Mais les deux peuvent se rejoindre.

La mort par suicide procède la plupart du temps d'un moyen violent, l'arme à feu, la précipitation, la pendaison. La scarification et la prise de médicaments sont plus rarement suivies de décès. Ce qui ne veut pas dire qu'il faut les banaliser. Bien au contraire. Chaque acte suicidaire est à prendre au sérieux, quel que soit le moyen utilisé. Au nom du fait que la gravité psychologique ne transparaît pas à travers la gravité physique…

L'envol de Sarah

2) Quels sont les « facteurs de risque » et les signes « précurseurs » du malaise qui peuvent aboutir à un passage à l'acte suicidaire ?

Dans la majorité des cas, une tentative de suicide n'est pas un acte isolé. Elle est souvent l'aboutissement d'une longue période de souffrance, que le jeune est capable de cacher partiellement. Parmi les signes précurseurs, citons les troubles du sommeil, la dépression, et plus globalement les « troubles corporalisés » (plaintes somatiques récurrentes, troubles de l'appétit, petits accidents à répétition), la fugue, la consommation « toxicomaniaque » de l'alcool (ce que l'on appelle maintenant le « binge drinking », c'est-à-dire le fait de consommer une quantité importante d'alcool dans un temps court), la consommation de tabac ou de cannabis, voire d'autres drogues comme l'ecstasy, héroïne ou cocaïne, l'absentéisme scolaire, les conduites de violence. Pour les jeunes qui passent à l'acte suicidaire, ces troubles ou conduites ont commencé précocement (souvent avant l'âge de 15 ans), sont devenus fréquents (et ce, malgré le fait que le jeune essaye de lutter contre et de faire de son mieux), sont parfois chroniques, et leur cumul s'installe dans le temps. Cette progression vers un état de souffrance chronique est souvent lente et à « bas bruit » (plusieurs signes de malaise ne donnent pas lieu à des manifestations visibles, comme les troubles du sommeil, les troubles de l'appétit, les troubles fonctionnels), raison pour laquelle ce malaise profond est peu perceptible et souvent banalisé par l'entourage.

La violence fait partie du passé et du présent des jeunes suicidants. Violence subie (surtout les violences sexuelles subies), violences agies, violences sur soi font partie du « triptyque de la violence » si typique de ces jeunes, filles comme garçons. La tension interne créée par le désir de violence et à la fois sa retenue fait partie des caractéristiques des jeunes. Ce qui nous fait dire que chaque adolescent qui manifeste des conduites de violence graves et répétées est à risque de porter cette violence sur soi. Comme chaque adolescent qui a subi une violence grave dont il ne peut parler, parfois dont il n'est pas conscient.

Les conduites d'éviction de la douleur sont aussi typiques : fugue, retrait scolaire, refuge dans la consommation de substances. Tout se passe comme si ces jeunes, vulnérables à la douleur, veulent éviter de la subir de plein fouet. On fait actuellement l'hypothèse d'une vulnérabilité génétique, tant certaines situations sociales et familiales ne permettent pas d'expliquer le passage à l'acte…

Parmi les « facteurs de risque », citons l'alcoolisme familial ou une maladie mentale (souvent un suicide) parmi les parents et grands-parents, et surtout le « secret de famille », la chose dont on ne parle pas en famille et qui pourtant est ressentie par le jeune comme un poids dans la famille… Mais comme on ne parle pas ouvertement des pathologies graves dans l'histoire familiale, le jeune a l'impression que son ressenti est faux, d'où une culpabilisation (« C'est moi qui me l'imagine ») et surtout un sentiment d'insuffisance (« Je suis à côté de la plaque, incapable de percevoir correctement les situations, mais aussi incapable d'en parler »), voire de nullité...

Autre facteur de risque, signe du temps : la pression d'excellence ou de performance, qui s'exerce en milieu scolaire, relationnelle ou familiale. En effet, la société a valorisé l'épanouissement de chacun (ce qui est plutôt bien), tout en responsabilisant chacun en cas d'échec (ce qui est plutôt mal). Or il est certain que nous ne pouvons pas tous être les premiers, les meilleurs en toutes circonstances, les performants à chaque heure du jour et de la nuit... Cette exigence de perfection, qui est souvent considérée comme un stimulant, a des effets bien néfastes auprès des jeunes qui veulent bien y répondre, mais qui ne se sentent pas à la hauteur, car cette demande est perçue (à tort ou à raison) comme démesurée par rapport à ce qu'ils peuvent fournir. Répéter cette exigence au quotidien rend la vie quotidienne de ces jeunes bien insupportable. D'où des moments de déprime, de lassitude, de désespoir... qui, lorsqu'ils se chronicisent, peuvent faire émerger une vraie dépression, avec le risque suicidaire qu'on connaît. Laissons-leur des espaces de liberté (leur choix peut être important, ne le contredisons pas en permanence sous prétexte que c'est « pour leur bien », argument vécu comme paradoxal par excellence !), d'oisiveté (ne rien faire n'est pas si dramatique, et permet la rêverie et la récupération !), d'erreur (ils ne peuvent pas toujours tout bien faire)… Ce qui ne signifie pas qu'ils peuvent faire tout ce qu'ils veulent et qu'on ne les tient pas à l'œil…

3) Quels sont les facteurs qui nous induisent en erreur à propos du risque suicidaire ?

Si l'on perçoit mal le risque suicidaire, c'est qu'un certain nombre de signes viennent troubler cette perception.

a) L'origine sociale. En effet, les jeunes suicidants ne proviennent pas des quartiers difficiles, n'ont pas de parents à la dérive sociale, ne vivent pas dans des logements délabrés, ne viennent pas de milieux pauvres. Or dans notre société, l'idée court que seule cette « pauvreté » peut engendrer des troubles, ce qui est en contradiction avec la réalité. Mais cela nous arrange de dire que ce sont les « pauvres et malades » qui sont le plus à risque de suicide : on se sent protégé quand on a fait des études, qu'on gagne bien sa vie et qu'on habite dans un quartier tranquille… Ce tabou du « misérabilisme » reste à percer, car les recherches montrent que le suicide est surtout élevé dans les pays développés et riches (la Suisse vient en tête des statistiques concernant le suicide des jeunes !) et dans les familles de tout niveau social et économique.

b) La beauté. Pour nous, un jeune qui souffre est un jeune qui porte sa douleur sur le visage. En gros, « la douleur, cela se voit ». Or les jeunes suicidants nous étonnent souvent par leur beauté physique, leur style affirmé, leur « chien »... parfois augmenté par la douleur interne.

c) L'investissement dans des activités de loisirs ou humanitaires. Parfois on croit que la créativité et la participation à des activités de loisirs (surtout des activités artistiques) permettent de contourner le risque suicidaire. Il n'en est rien. La douleur et la violence internes peuvent s'accompagner d'un surinvestissement occupationnel, mais ces activités ne peuvent pas faire oublier la douleur. Si ces « stratégies d'occupation » sont parfois utilisées par les jeunes comme moyen d'oublier leur douleur, la douleur persiste et est souvent accentuée quand l'occupation s'arrête. Cacher la douleur par des activités peut être transitoirement bénéfique, jamais à terme. La douleur ne peut s'arrêter ou s'atténuer que par la compréhension de ses motifs et leur résolution.

d) Les résultats scolaires. On dit souvent qu'un fléchissement scolaire est un signe précurseur. Ce n'est pas toujours le cas, bien au contraire, le surinvestissement scolaire peut être un moyen de lutter contre la dépression et la douleur qui l'accompagne. C'est pourquoi les jeunes suicidants sont souvent de bons élèves, donnant toute satisfaction au corps enseignant, qui, du coup, ne voit pas ce qui se passe.

e) L'attention des parents. Les jeunes suicidants ne souffrent pas d'un « abandon » des parents. Souvent c'est même le contraire. Ils disent souffrir d'un surinvestissement parental qui ne leur laisse qu'une faible marge de manœuvre de leur vie quotidienne. Et surtout leur met une pression de perfection, ce qui est toujours irréaliste et donc insupportable... Comment un jeune peut-il se construire, par essais et erreurs, quand les parents font tout pour lui plaire, l'aider, devancer ses désirs et ses besoins ? Ce surinvestissement parental souvent culpabilise les adolescents et les rend « incompétents ». « Jamais je ne pourrais être aussi bien que mes parents, jamais je ne pourrais leur rendre ce qu'ils m'ont donné, je ne vaux donc rien, alors autant arrêter cela tout de suite », voilà l'enchaînement des pensées dans la tête d'un adolescent... Il ne s'agit pas de culpabiliser les parents, qui font dans la majorité des cas au mieux, mais d'essayer de comprendre ce qui se passe dans le vécu d'un jeune qui pense au suicide. Si l'on voulait résumer d'un mot la situation d'un jeune suicidant, et ce qui rend l'acte si peu compréhensible pour chacun, il faudrait parler de « paradoxe ». Il a tout ce qu'il veut, mais justement c'est cela qui le perturbe... car l'opulence (matérielle et parfois affective) ne permet pas toujours de construire des projets nouveaux, de trouver sa propre voie et de s'affirmer.

f) **L'amour.** Souvent on pense que l'investissement amoureux à l'âge de l'adolescence est un moyen d'éviter le passage à l'acte. La réalité est tout autre. D'abord parce qu'un jeune suicidant se sent surtout attiré par un autre jeune qui est autant en difficulté que lui, ce qui cumule les problèmes. Ensuite parce que l'attachement à l'autre peut devenir tellement pesant, qu'aucune séparation (même provisoire) n'est acceptable… Il s'agit alors d'une « dépendance amoureuse », qui peut potentiellement comporter les mêmes risques qu'une dépendance aux substances psychoactives.

4) La demande d'aide des suicidants

Autre idée reçue qui circule autour des jeunes suicidants, c'est qu'ils ne demandent pas d'aide à leur entourage, ni surtout à des professionnels. Là encore, il s'agit d'une idée fausse, car les jeunes qui passent à l'acte sont plus consultants que les autres. Ils sont souvent multi-consultants : de leur médecin de famille, de l'infirmière scolaire, d'un centre d'écoute téléphonique, d'une consultation adolescente…

Mais deux choses s'avèrent clairement. D'abord, ils ne disent pas au professionnel : « Je suis suicidant, aidez-moi », mais « Je dors mal, je ne me sens pas bien, je suis fatigué, j'ai mal partout. » Parfois même, ils devancent l'avis du professionnel en disant : « Ça va aller mieux, je suis amoureux, j'ai trouvé la solution, je m'investis dans telle ou telle activité. » Toujours dans le registre du « paradoxal » qui caractérise les jeunes suicidants, il faut savoir que leurs plaintes somatiques cachent une demande relationnelle et que leurs solutions évoquées permettent d'esquiver l'aide relationnelle éventuelle… La prise en charge d'un suicidant est donc bien difficile, et n'est en aucun cas gagnée d'avance, tant le jeu interactif avec la vie et la mort est difficile à désamorcer et demande un professionnalisme hors pair… Et même dans le cas de professionnels de grande qualité, la solution n'est pas évidente et le combat pas toujours gagné… La santé mentale est un champ d'intervention nettement plus complexe et multifactoriel que la santé physique, et tout le mystère des jeunes ayant ce type de problèmes n'est pas percé. D'où une obligatoire modestie des intervenants dans ce domaine…

La famille est en même temps le lieu d'observation et de négation des problèmes des jeunes suicidants. D'observation, car les familles vivent quotidiennement avec eux et sont conscientes que quelque chose ne va pas. Mais en même temps, à cause de leur investissement personnel (chaque parent fait souvent au mieux…), ils ne sont souvent pas en situation d'y voir clair. Il s'agit de leur enfant qu'ils aiment. En plus, ils font le maximum… Ils nient donc souvent de bonne foi ce qui, pour un professionnel, est une évidence. D'où la nécessité d'une consultation précoce, coûte que coûte, même si le jeune ne le souhaite pas forcément. « Je suis inquiet pour toi, je ne comprends pas, allons voir quelqu'un de plus expérimenté et d'extérieur », phrase qui doit elle aussi s'accompagner d'une certaine modestie (« Cherchons ensemble ce qui pourrait nous aider »), car il convient d'admettre que non seulement l'adolescent est en souffrance, mais aussi l'entourage, les parents, les frères et sœurs... Ces derniers sont souvent oubliés, surtout quand ils sont moins « bruyants » dans leur expression, voire quand ils font figure de jeunes adultes responsables. Or une responsabilisation trop précoce (retrouvée chez des jeunes qui, avant l'âge, ont dû porter le manque ou l'absence de leurs parents) est aussi une situation de risque.

En conclusion, si toutes ces considérations permettent de mieux contextualiser la tentative de suicide des adolescents, il faut bien savoir que rien ne l'explique entièrement. Sur ce point, il y a une réelle inégalité entre les personnes, difficile à compenser. Ainsi, on voit des jeunes, dans la même situation que des jeunes suicidants, mais qui ne passent pas à l'acte. On voit aussi des jeunes dans des situations bien pires, qui eux aussi ne manifestent ni idées suicidaires, ni passage à l'acte. Il faut donc bien accepter qu'il existe aussi une vulnérabilité qu'on ne peut pas maîtriser.

Agnès Favre

Mais alors, direz-vous, on ne peut rien faire ?

Si, bien sûr. On peut être vigilant sur certains points, adopter une certaine conduite et envisager même certaines mesures que l'on peut résumer ainsi :

a) Vivre au quotidien l'éducation, sans être trop exigeant et perfectionniste, tout en établissant des règles claires, compréhensibles et atteignables. Si la majorité des parents réussissent ce pari éducatif, fait d'équilibre et de négociation, de remise en cause et de certitudes, d'autres ont plus de mal. Parfois à cause de leur histoire personnelle. Parfois pour des raisons de stress personnel et professionnel. Pourquoi ne pas envisager un meilleur accompagnement de ces parents ? Xavier Pommereau a expérimenté des groupes de parole de parents. Il montre bien combien ces groupes permettent aux parents de s'exprimer, de s'entraider et donc d'augmenter leurs capacités parentales. Il faudra certainement réfléchir à cette aide parentale, si nécessaire dans un monde qui bouge, qui bouscule les valeurs, qui oblige à considérer de nouvelles pratiques. Cette aide doit être apportée auprès de tous les parents qui le demandent, quel que soit leur niveau social. Mixer des groupes de parents, selon leur statut social et familial, permettra certainement de mieux échanger, de mieux réfléchir, et donc de mieux agir.

b) Mieux et plus précocement percevoir qu'un jeune va mal. En effet, les expressions de malaise psychologique ne sont pas toujours facilement reconnaissables, perceptibles, gérables, et surtout, comme on l'a dit, ne vont pas de pair avec une maladie somatique. Les malaises que ces jeunes expriment (plaintes somatiques) ne sont souvent pas pris au sérieux, justement parce qu'ils n'ont pas de substrat somatique. On en conclut donc que c'est du « cinéma »… Il est indispensable que les professionnels aient une meilleure connaissance (lors de leur formation initiale), avec mise en pratique, de la santé mentale des adolescents. Et ce, quel que soit le niveau d'intervention de ces professionnels, enseignants, éducateurs, médecins, infirmières, travailleurs sociaux, mais aussi policiers, conducteurs de bus, animateurs sportifs ou d'association… Chacun à son niveau et à des moments différents de la vie d'un adolescent peut contribuer à percevoir les difficultés et à intervenir. En sachant que l'adolescence, comme toute période de transition de l'être humain, est une période de fragilité, de paradoxes, de complexité, qui nécessite à la fois détermination et compréhension, souplesse et force, aide et liberté.

Composition et mise en pages : FACOMPO, LISIEUX

Cet ouvrage a été achevé d'imprimer en janvier 2007
dans les ateliers de Normandie Roto Impression s.a.s.
61250 Lonrai (Orne)
N° d'impression : 07-0249
Dépôt légal : janvier 2007

Imprimé en France